NEGOCIAÇÃO E MEDIAÇÃO: CONFLITOS DIFUSOS E COLETIVOS

Roberto Luís de Oliveira Pimentel
Bacharel em Direito pela Universidade de São Paulo
Especialista em Interesses Difusos e Coletivos pela ESMP/SP
Mediador e Conciliador Judicial e Extrajudicial
Promotor de Justiça em São Paulo

NEGOCIAÇÃO E MEDIAÇÃO: CONFLITOS DIFUSOS E COLETIVOS

editora Del Rey

Belo Horizonte
2022

Impresso no Brasil | *Printed in Brazil*

EDITORA DEL REY LTDA.
www.editoradelrey.com.br

Editor: Arnaldo Oliveira

Editor Adjunto: Ricardo A. Malheiros Fiuza (*in memoriam*)

Coordenação Editorial: Letícia Neves

Diagramação: Reginaldo César de Sousa Pedrosa

Revisão: Maria Elizabete de Sousa

Capa: JP Designer

Editora
Rua dos Goitacazes, 71 – Lojas 20 a 24
Centro – Belo Horizonte – MG
CEP 30190-050

Comercial
Tel.: (31) 3284-3284
vendas@editoradelrey.com.br

Editorial
Tel.: (31) 2516-3340
editorial@editoradelrey.com.br

P644n Pimentel, Roberto Luís de Oliveira
Negociação e mediação: conflitos difusos e coletivos / Roberto Luís de Oliveira Pimentel.-- Belo Horizonte: Del Rey, 2022.
1 recurso online (167 p.: il.)

Bibliografia: p. 163-167.

ISBN: 978-65-00-38429-1

1. Processo civil 2. Conflito - Administração 3. Mediação e conciliação 4. Negociação I. Titulo.

CDU: 347.9

Ficha catalográfica elaborada pelo bibliotecário Junio Martins Lourenço - CRB 6 3167.

Para minha esposa Patricia e para meus filhos Lucas e Érico, com amor e enorme gratidão pelo apoio e pelo incentivo.

SUMÁRIO

INTRODUÇÃO

O desgaste da clássica sistemática de solução de conflitos, sejam eles individuais, sejam coletivos, tem sido objeto, atualmente, de intensa discussão no meio jurídico, na medida em que, além da tão criticada lentidão característica do trâmite de processos judiciais, notadamente os relativos a litígios mais complexos, percebe-se, de maneira crescente, que a adjudicação de soluções, após percorridos todos os degraus necessários para a obtenção de um título executivo, muitas vezes acaba por não resultar, necessariamente, em uma concreta e efetiva solução para a disputa. Disso decorrem longas – e insatisfatórias – fases de cumprimento.

Ao lado disso, têm recebido cada vez mais atençao os chamados métodos adequados (ou alternativos) de solução de conflitos (MASCs). Eles representam propostas diferentes da tradicional atuação do Estado-juiz para o encaminhamento de litígios, no mais das vezes com intensa e ativa participação dos interessados na busca de soluções (pelas quais, assim, tornam-se corresponsáveis, o que facilita sua implementação) ou mesmo na escolha da maneira através da qual a disputa será solucionada. Não é exagerado dizer que tais métodos pressupõem e, ao mesmo tempo, resultam em um maior amadurecimento das partes com relação às causas e possíveis desdobramentos de suas disputas.

Após uma trajetória de quase três décadas no Ministério Público do Estado de São Paulo, sempre com atuação na área de interesses difusos e coletivos, pude testemunhar o quanto se mostra necessário que, depois dos grandes avanços obtidos com a regulamentação e crescimento exponencial das demandas coletivas em nosso ordenamento jurídico e em nossa prática forense, paradigmas evoluam e novas soluções sejam buscadas, visando maior resolutividade nessa área tão rica, complexa e relevante.

Diante disso, se mostrou interessante, em um primeiro momento, a busca por uma capacitação teórica e prática na área da mediação (percorrendo todas as etapas previstas pela Resolução nº 125/2010 do Conselho Nacional de Justiça) e em negociação. Isso feito, numa segunda etapa, à luz de toda a experiência profissional acumulada, passei a pensar em como tornar mais efetiva, sob um ponto de vista metodológico, a aplicação concreta de MASCs (notadamente a mediação e a negociação baseada em princípios) na área dos direitos metaindividuais.

De toda essa reflexão, acompanhada, sempre que possível, na atuação prática, de aplicação de ideias e concepções surgidas nesse sentido, emergiu o propósito de escrever esta obra.

Assim, de início, o texto descreve brevemente o histórico da defesa dos interesses coletivos *lato sensu*, bem como sua atual regulamentação em nosso ordenamento. Trata, ainda, dos aspectos processuais mais polêmicos com relação ao assunto para, em seguida, descrever quais são os métodos autocompositivos, bem como as técnicas e ferramentas mais importantes para uso no campo dos interesses transindividuais. Cuida, também, das áreas em que tais métodos podem ser empregados com maior sucesso e efetividade dando, nesse ponto, destaque às questões estruturais.

A seguir, discorro sobre o *design* de sistemas de gestão de conflitos, que me parece área extremamente interessante, útil e, acima de tudo, promissora ao se falar na gestão e solução de conflitos complexos, como os estruturais e os metaindividuais em geral.

São apresentadas, além disso, propostas de adaptação e adequação prática das ferramentas e técnicas em questão, especificamente para a gestão e encaminhamento de conflitos coletivos *lato sensu* e estruturais.

O texto contém, nesse sentido, uma preocupação eminentemente prática, ou seja, de permitir consultas rápidas e propiciar reflexões para a gestão e encaminhamento de conflitos concretos. Daí porque, em determinados momentos, há alguma repetição de informações, observações e notas, já que tal estrutura textual poderá auxiliar o operador em sua tarefa.

No decorrer do texto e no quinto capítulo, ainda, há comentários sobre o projeto de lei substitutivo nº 1641/2021, que visa alterar toda a sistemática das ações coletivas em nosso Direito, e que dá, inclusive, especial ênfase e destaque para o uso dos métodos adequados de solução de conflitos nessa área.

CAPÍTULO I

INTERESSES DIFUSOS, COLETIVOS E INDIVIDUAIS HOMOGÊNEOS

1. Interesses metaindividuais

1.1. Noções gerais

A tradicional visão a respeito da defesa de direitos parece partir da clássica definição de justiça consagrada pelos gregos antigos. Para Platão, que se debruçou sobre o conceito de justiça em sua monumental "República", assim como para Aristóteles, a ideia de justo partiria das noções de verdade, de equilíbrio e de igualdade *entre os cidadaos* da *polis* (é de Aristóteles, em sua "Ética a Nicômaco", a célebre concepção de que os desiguais devem ser desigualmente tratados). A ideia de "dar a cada um o que é seu" (também presente em autores posteriores, como, *v.g.*, nas obras de Cícero e de Santo Agostinho), portanto, é calcada em uma visão individualista, que se centra no sujeito de direitos e deveres como destinatário dos valores em questão.

Modernamente, no entanto, ao se tornarem mais complexas, as sociedades passaram a comportar relações, interações e, via de consequência, conflitos que ultrapassam a esfera do indivíduo. Gradativamente, assim, emergiu a necessidade da criação de mecanismos concebidos, ainda em nome da pacificação e da segurança jurídica, para uma eficaz abordagem e um adequado tratamento de tais situações.

Logo vêm à mente, quando se pensa na origem de demandas coletivas, as *class actions,* já há muito tradicionais em países da *common law.* As origens desse instituto[1] são apontadas por Hensler *et al.*:

> Por muitos anos, historiadores do direito apontaram a origem das *class actions* na Inglaterra do século XVII. Segundo eles, as *class actions* teriam nascido como algo denominado '*Bill of Peace*', que habilitava demandantes ou demandados múltiplos a resolver questões comuns em uma única ação legal levada às *Courts of* Chancery[2]. Geralmente, todos os interessados tinham de estar presentes fisicamente na corte e legalmente reunidos na ação. No entanto, quando o número de demandantes era tão grande a ponto de não se mostrar viável exigir a todos que se apresentassem (física e legalmente), as cortes permitiam que demandantes representativos apresentassem o caso por todos os potenciais interessados, presentes ou ausentes. Os representantes deveriam comprovar que refletiam adequadamente os interesses de todo o grupo, porque o julgamento obrigaria a todos os litigantes, estivessem ou não efetivamente envolvidos nos procedimentos.
>
> O professor Stephen Yeazell desafiou essa versão da história legal inglesa, argumentando que, na verdade, a litigância em grupos surgiu de múltiplas formas muitas centenas de anos antes. (...) o ensinamento principal do trabalho de Yeazell é que havia uma tradição na Inglaterra medieval, tanto de grupos de indivíduos associados mais organizados, quanto menos organizados formalmente (...), sendo-lhe concedida audiência e remédios legais por

1 Segundo Owen Fiss (2003, pos. 2398), "Os Estados Unidos são responsáveis por muitas inovações no processo civil, mas provavelmente a mais evidente é a *class action*" (tradução nossa).

2 No mesmo sentido: KLONOFF, 2017, pos. 1429.

> instituições governamentais (...). (HENSLER *et al.*, p. 10, pos. 276, tradução nossa)

Na tradição jurídica brasileira, aponta-se que a admissibilidade da ação popular, por meio da qual, em linhas gerais, o cidadão exerce a prerrogativa de, em nome próprio, defender em juízo interesses mais amplos, já se encontrava presente em tempos bastante remotos, ao menos em sede doutrinária, com base em antigos precedentes de Direito Romano (MANCUSO, 1996, p. 49). Prevista expressamente na Constituição do Império de 1824 (art. 157), e esquecida pela primeira Carta Republicana de 1889, teve sua possibilidade de uso, segundo o entendimento majoritário da época, afastada pelo Código Civil de 1916, em razão do disposto em seu art. 76[3]. Foi novamente trazida ao ordenamento jurídico pelas Constituições de 1934 e 1946 (respectivamente, art. 113, inciso 38 e art. 141, § 38). Posteriormente, em 1965, foi regulamentada em diploma legal específico (Lei Federal nº 4.717, de 29 de junho de 1965), sendo mantida nos textos constitucionais de 1967 e 1969 (e, é claro, na Constituição em vigor).

Vinte anos depois, em 1985, surge o primeiro diploma legal a prever e sistematizar um instrumento processual destinado à tutela judicial e extrajudicial de interesses *metaindividuais*.

A Lei Federal nº 7.347, de 24 de julho de 1985, a chamada "lei da ação civil pública", prevê, nesse sentido, a possibilidade de responsabilização por "danos morais e patrimoniais"[4] causados a direitos que extrapolam o âmbito individual e dizem respeito a toda a sociedade, ou a um número indeterminado de pessoas.

---

3 "Art. 76. Para propor, ou contestar uma ação, é necessário ter legitimo interesse econômico, ou moral."

4 O alcance de tal instrumento, mesmo antes do advento do Código de Defesa do Consumidor, que o ampliou e propiciou uma sistematização maior do instituto, já se mostrava mais alargado que a mera responsabilização por danos, na medida em que o art. 4º já permitia, na redação original, o ajuizamento de ações cautelares para prevenção dos mesmos danos.

A técnica utilizada pelo legislador para delimitar o âmbito de alcance material da ação civil pública foi a exemplificativa. São, assim, já no art. 1º do diploma legal, enumeradas hipóteses, em um rol expressamente não taxativo (inciso IV[5]), de interesses difusos e coletivos[6]. Trataremos do conceito de interesse metaindividual e de suas espécies ao descrevermos como o tema é regulamentado pelo Código de Defesa do Consumidor (Lei Federal nº 8.078/1990).

Merece algumas considerações, ainda, a opção encontrada para a atribuição de *legitimidade ativa*[7] para a ação civil pública no pioneiro diploma de 1985.

O sistema processual federal dos Estados Unidos da América estabelece, para as *class actions* (por meio da famosa *Rule 23*), que a adequação da legitimidade no polo ativo é verificada no caso concreto, segundo diversos requisitos, por exemplo, conhecimento do caso, ausência de conflitos com a classe representada, comprometimento efetivo com a causa, capacidade econômica, entre outros, a depender da corte (assim como a própria competência para levar adiante a causa por parte do advogado) (KLONOFF, 2017, pos. 2297).

Diferentemente, a legislação brasileira, quanto às ações civis públicas, a exemplo do que ocorre quanto à legitimidade do cidadão nas ações populares, estabeleceu uma presunção de adequação de legitimidade ativa a determinados entes públicos, atribuindo-a, ainda, a associações civis, desde que, quanto a estas últimas, preenchidos alguns requisitos (o que as aproxima, de certa forma, em cada caso concreto, do sistema norte-americano há pouco mencionado).

A legitimação é, vale desde logo observar, nessa hipótese, *extraordinária,* o que significa que os órgãos ou entes legitimados agirão, na defesa de direito alheio, em nome próprio,

---

5 Acrescentado pelo Código de Defesa do Consumidor, Lei Federal nº 8.078/1990.

6 Na redação original, eram eles, apenas, o meio ambiente, os direitos do consumidor e aqueles de valor artístico, estético, histórico, turístico e paisagístico (art. 1º, incisos I a III).

7 O assunto também é objeto de considerações no item 2.1., *infra.*

diferentemente do que ocorre, em juízo ou fora dele, com os representantes legais em geral.

Cuida-se de um artifício legal que simplifica, sob o ponto de vista procedimental, a etapa de aferição da legitimidade, o que não significa que não tenham ocorrido percalços nas primeiras décadas de aplicação da lei, em que o Ministério Público, particularmente, costumava ter de justificar, nas petições iniciais, ao órgão judicial, sua legitimidade ativa diante do caso concreto.

O fato, no entanto, é que o legislador federal atribuiu tal legitimidade à União, Estados, Municípios, autarquias, empresas públicas, fundações ou sociedades de economia mista, Defensoria Pública e Ministério Público,[8] de forma a não caberem, como regra, questionamentos a respeito, afora questões relacionadas aos âmbitos de competência e atuação das pessoas jurídicas referidas, dos entes federados e à divisão de tarefas estabelecida, pela Constituição, aos diversos ramos do Ministério Público e da Defensoria Pública. Atribuiu-a, ainda, a associações civis, dentro de determinados parâmetros, que permitem, no caso concreto, maior margem para aferição da adequação de sua legitimidade para a defesa do interesse metaindividual[9].

Na visão de Kazuo Watanabe *apud* GRINOVER *et al.*:

> Optou o legislador pátrio por limitar a legitimação individual à busca da tutela dos interesses e direitos a título individual.
>
> Pelas regras que disciplinam as obrigações indivisíveis, seria admissível, em linha de princípio, a legitimação concorrente de todos os indivíduos para a defesa dos interesses difusos ou coletivos de natureza indivisível. Mas

8 O Projeto de Lei nº 1.641/21 (de que também trataremos no Capítulo V, *infra*) amplia consideravelmente esse rol, em seu art. 7º.

9 Lei Federal nº 7.347/1985 (Lei da Ação Civil Pública), art. 5º – aqui já consideradas as alterações ao dispositivo promovidas em 2007; art. 82 da Lei Federal nº 8.078/1990 (Código de Defesa do Consumidor). O Projeto de Lei nº 1641/21 altera e amplia tais critérios, conferindo maior autonomia ao juiz (art. 7º e parágrafos).

> ponderações várias, como as pertinentes ao conteúdo político das demandas, à possibilidade de pressões quanto à propositura e prosseguimento da demanda, à produção de provas adequadas e ao prosseguimento destemido nas instâncias superiores, e à necessidade, enfim, de um fortalecimento do autor da demanda coletiva, fizeram com que se excluísse a legitimação individual para a tutela dos consumidores a título coletivo. (WATANABE *apud* GRINOVER *et al.*, 2000, p. 732)

Passemos, então, a analisar os conceitos legais de interesses difusos, coletivos e individuais homogêneos, à luz da legislação brasileira.

1.2. Interesses difusos

Em relação aos interesses individuais, que traduzem, quando deduzidos em juízo, a tradicional ideia da pretensão de satisfação de um direito de titularidade de uma pessoa física ou jurídica, ou mesmo de um determinado número de pessoas certas e identificadas, os interesses difusos estão no extremo oposto.

Tratam-se de direitos cuja titularidade é dispersa por toda a sociedade, ultrapassando não apenas fronteiras geográficas e espaciais, como também temporais. Basta, para tal conclusão, observar que o meio ambiente, direito difuso por excelência, deve ser preservado, nos termos da Constituição Federal, também para as futuras gerações (art. 225).

Com isso se percebe o alcance de tais direitos, os únicos que realmente se caracterizam, portanto, por uma real indeterminabilidade de seus titulares.

O Código de Defesa do Consumidor, no art. 81, parágrafo único, inciso I, define interesses difusos como "os transindividuais, de natureza indivisível, de que sejam titulares pessoas indeterminadas e ligadas por circunstâncias de fato".

A indivisibilidade diz respeito ao fato de se estar – em que pese a titularidade esparsa –, quando se trata de direito difuso, diante de apenas *um* direito, pertencente a toda a sociedade ou, quiçá, a toda a humanidade, demais seres vivos e ao próprio planeta como um todo. Disso resulta ser impossível atribuir, a quem quer que seja, *frações* de tal direito. Não se cuida de um conjunto de interesses individuais, portanto, mas de um interesse *diverso* da soma das pretensões de cada um quanto a qualquer bem que seja. Seu titular, mais do que pessoas indeterminadas, como estipula o dispositivo legal, é, no mínimo, o próprio corpo social.

As pessoas interessadas, no caso dos direitos difusos, estão "ligadas por circunstâncias de fato", na dicção legal. Isso significa que se dispensa a existência de qualquer relação jurídica entre elas para que se configure o interesse. São situações materiais, concretas, ligadas à ocorrência de lesão ou ameaça de lesão a um bem difusamente espraiado que fazem nascer o liame jurídico que será levado a juízo ou que será tratado na tutela extrajudicial pelos entes legitimados. É evidente, portanto, quc o quc o dispositivo quer significar é que não se mostra necessária uma relação jurídica *prévia* ao dano ou à ameaça de dano, entre os interessados (ou mesmo com a parte contrária), para que se configure a possibilidade de tutela.

Aspectos referentes aos efeitos da coisa julgada serão conjuntamente tratados no item seguinte.

1.3. Interesses coletivos

Aqui, o alcance amplo atingido pelos interesses difusos se restringe, não necessariamente no campo espacial ou geográfico, é bom que se diga, ou mesmo numericamente, mas juridicamente.

O Código de Defesa do Consumidor os define como "os transindividuais, de natureza indivisível de que seja titular grupo, categoria ou classe de pessoas ligadas entre si ou com a parte contrária por uma relação jurídica base" (art. 81, parágrafo único, inciso II).

Em comum com os direitos difusos, temos aqui, a indivisibilidade, o que significa, mais uma vez, que *não* estamos diante da mera soma de interesses individuais formando um conjunto massivo de posições individuais a ser tratado coletivamente.

O interesse metaindividual é um só, pertencente à classe ou ao grupo de titulares, e não se confunde com uma possível soma dos direitos individuais. As diferenças estão, com relação aos interesses difusos, primeiramente, no fato de que deve *necessariamente* existir, quanto aos coletivos, uma *prévia* relação jurídica, seja entre os integrantes do grupo ou categoria titular, seja entre ela e a parte contrária (contribuintes de determinado tributo em relação ao fisco, por exemplo).

E é justamente por isso que se identifica um grupo, uma categoria ou uma classe de pessoas: essa identificação é, por assim dizer, juridicamente (e não por meras circunstâncias de fato, como no caso dos direitos difusos) qualificada.

1.4. Interesses individuais homogêneos

Os direitos individuais homogêneos podem ser vistos como a modalidade de transição entre o individual e o metaindividual, na medida em que possuem características dos dois âmbitos jurídico-legais de classificação de interesses segundo a titularidade certa ou esparsa.

Cuida-se, aqui, da lesão ou ameaça de lesão a direitos que, ao contrário dos demais, configuram, quando observados sob o prisma da metaindividualidade, uma *soma* dos interesses individualmente considerados.

Por isso, seu traço marcante, além da possibilidade de identificação dos titulares (traço que comungam com os interesses *coletivos*, muito embora, com relação a estes últimos, ao contrário do que ocorre com os individuais homogêneos, não haja interesse prático em tal identificação), é a *divisibilidade.*

O Código de Defesa do Consumidor (art. 81, parágrafo único, inciso III) os define simplesmente como "os decorrentes de origem comum"[10] [11]. Dessa simples descrição decorrem várias conclusões.

[10] É interessante observar que, aqui, o legislador não se utiliza, na definição legal, da expressão "transindividuais", como faz com os demais. Os interesses individuais homogêneos, de qualquer modo, estão arrolados juntamente com os difusos e coletivos, como estando na condição dos direitos que podem ser tutelados coletivamente (parágrafo único do art. 81).

[11] O Projeto de Lei nº 1.641/21 (de que também trataremos no Capítulo V, *infra*) define os interesses individuais homogêneos de forma mais detalhada: "(...)

Como referido, os direitos individuais homogêneos são divisíveis, e isso os distingue dos interesses difusos e coletivos. Além disso, assim como os difusos, eles independem da existência de uma relação jurídica base (que pode até existir, mas não é essencial). Seus titulares, por fim, são determináveis e, aqui, ao contrário do que ocorre com os direitos coletivos com quem compartilham essa característica, a identificação dos titulares tem uma crucial importância prática.

A importância está justamente no fato de que a sentença de procedência (o que também vale, *mutatis mutandis,* para os títulos executivos extrajudiciais) terá, na hipótese da tutela de direitos individuais homogêneos, condenação "genérica, fixando a responsabilidade do réu pelos danos causados" (Código de Defesa do Consumidor, art. 95).

Disso resulta que, no momento do cumprimento de sentença ou da execução de títulos extrajudiciais, prevê-se que a *identificação* dos lesados, em busca da reparação dos danos individualmente sofridos, vai se operar na prática.

Assim, o sistema instituído pela Lei Federal nº 8.078/1990 *concentra* a tutela de direitos de origem comum na fase de conhecimento (ou na fase de celebração do compromisso de ajustamento de conduta), estabelecendo que tal poderá se dar de forma coletiva e permite, em seguida, que o cumprimento ou a execução, uma vez estabilizada a relação conflituosa pela formação do título executivo, aconteça de forma fracionada. E não poderia ser de outra forma, pela própria natureza dos direitos em questão.

---

assim considerados os direitos individuais que recomendem ou exijam proteção conjunta em razão de características tais como a predominância das questões comuns sobre as particulares, a necessidade de preservar a isonomia e a restituição integral, a facilitação de acesso à prova, a garantia de acesso à justiça, a melhor gestão do serviço judiciário ou a repercussão de cada pretensão individual sobre as demais".

É claro que, em se tratando de "condenação genérica", como referido há pouco, sempre haverá a possibilidade de liquidação e execução coletiva pelos legitimados extraordinários, sempre que não houver habilitação de interessados individuais no prazo e condições estabelecidas pelos arts. 95 a 100 do Código de Defesa do Consumidor.

Antes de tratarmos de aspectos referentes à coisa julgada, ou seja, dos efeitos da sentença (item 2.3., *infra*), é possível fazer um resumo do quanto descrito, no quadro seguinte:

DIFUSOS	COLETIVOS	INDIVIDUAIS HOMOGÊNEOS
transindividuais	transindividuais	soma de interesses individuais
natureza indivisível	natureza indivisível	natureza divisível
pessoas indeterminadas (e indetermináveis), ligadas por circunstâncias de fato – inexistência de relação jurídica base)	pessoas indeterminadas (mas determináveis), ligadas entre si ou com a parte contrária por uma relação jurídica base	pessoas indeterminadas, mas determináveis – direitos e interesses de origem comum (– inexistência, ou desnecessidade, de relação jurídica base)
característica exclusiva: titulares indetermináveis	característica exclusiva: relação jurídica base	característica exclusiva: divisíveis

1.5. Interesses transindividuais em espécie

O *meio ambiente natural* pode ser referido como o exemplo típico de interesse difuso, diante de seu alcance irrestrito e das consequências imensuráveis das lesões a bens de valor ecológico. É claro que, a seu lado, podem-se enumerar também o meio ambiente *artificial* ou *construído*, assim como o meio ambiente *histórico-cultural*.

Na Constituição Federal brasileira de 1988 estão colocados claramente todos os ingredientes que fazem do meio ambiente um bem ou valor que transcende limites geográficos e, inclusive, temporais. Assim, conforme prevê o *caput* do art. 225 da Constituição Federal, o meio ambiente *ecologicamente equilibrado* (uma *qualidade* daquilo que juridicamente se entende como sendo o bem tutelado e, ao mesmo tempo, um *objetivo* de toda a coletividade e dos poderes constituídos) é um bem de uso comum do povo e essencial à sadia qualidade de vida (de todas as pessoas e seres[12], ou seja, de todas as *presentes gerações*, na dicção do próprio dispositivo – aqui, implícito, o caráter difuso sob o ponto de vista territorial), cuja defesa e preservação deve ocorrer, além disso, em nome das *futuras gerações* (com o que se rompem barreiras de tempo).

Também a defesa de massas de *consumidores*[13] logo vem à mente quando se pensa em interesses transindividuais. Aqui, poderemos ter direitos *difusos* (pela indeterminabilidade, por exemplo, das pessoas sujeitas a uma propaganda enganosa ou potencialmente ao alcance de um produto inadequado ou perigoso), *coletivos* (podemos imaginar uma coletividade de usuários de um plano de saúde ou de um seguro de vida interessados na declaração de nulidade ou abusividade de uma determinada cláusula de um contrato de adesão ou de um determinado reajuste futuro em mensalidades) ou *individuais homogêneos* (utilizando-se o mesmo exemplo, ao pensarmos na reparação de prejuízos individualmente sofridos por um grande número de consumidores pelo início de aplicação do reajuste iníquo de determinado serviço).

Aliás, a redação original da Lei da Ação Civil Pública (Lei Federal nº 7.347/1985) previa apenas estas três denominações de interesses: "meio-ambiente", "consumidor" e "bens e direitos

[12] A preservação do meio ambiente não interessa apenas ao ser humano, mas a todos os seres vivos e ao próprio planeta enquanto unidade complexa, o que caracteriza uma titularidade autenticamente difusa para tal direito.

[13] A defesa metaindividual de direitos ligados a relações consumeristas pode ser entendida como uma consequência natural da massificação do consumo, em que as atividades diuturnas de aquisição de bens e serviços perdem, gradativamente, qualquer traço *genuinamente* individual.

de valor artístico, estético, histórico, turístico e paisagístico"[14] (art. 1º, incisos I a III).

Qualquer possível dúvida acerca da taxatividade ou não de tal rol original[15] foi superada poucos anos depois, com a Constituição Federal de 1988, que atribuiu ao Ministério Público, um dos legitimados ativos para a ação civil pública, o dever de proteção do "patrimônio público e social, do meio ambiente e de outros interesses difusos e coletivos".

Com o advento, em seguida, do Código de Defesa do Consumidor e outros diplomas regulamentando a tutela de interesses metaindividuais, e acréscimos posteriores no art. 1º da Lei da Ação Civil Pública (Leis nºs 12.529/2011,[16] 12.966/2014,[17] 13.004/2014,[18] Medida Provisória 2.180/2001), compreende-se o conjunto de interesses difusos, coletivos e individuais homogêneos como sendo aberto e dinâmico. Qualquer lesão ou ameaça de lesão a direito ou interesse que dissemine efeitos de forma ampla e alcance um sem-número de pessoas pode ser tutelado pelos instrumentos postos à disposição pelo sistema integrado composto pela Lei da Ação Civil Pública, pelo Código de Defesa do Consumidor, a Lei da Ação Popular (Lei nº 4.717/65) e outros diplomas afins.

Hoje, portanto, ainda que a título meramente exemplificativo, podemos mencionar como interesses tipicamente transindividuais, além do meio ambiente, em seus ramos natural, artificial

---

[14] O chamado meio ambiente cultural, incluído, assim como o meio ambiente artificial, a rigor, na expressão ampla contida no inciso I.

[15] Houve, inicialmente, um veto presidencial ao inciso IV do art. 1º da lei da ação civil pública, que tornava o rol expressamente exemplificativo. O inciso foi novamente inserido por disposição expressa do Código de Defesa do Consumidor, em 1990 (art. 110).

[16] Estrutura o Sistema Brasileiro de Defesa da Concorrência; dispõe sobre a prevenção e repressão às infrações contra a ordem econômica.

[17] Altera a Lei nº 7.347, de 24 de julho de 1985 (Lei da Ação Civil Pública), para incluir a proteção à honra e à dignidade de grupos raciais, étnicos ou religiosos.

[18] Altera os arts. 1º, 4º e 5º da Lei nº 7.347, de 24 de julho de 1985, para incluir, entre as finalidades da ação civil pública, a proteção do patrimônio público e social.

(ou construído – que a Lei da Ação Civil Pública denomina *ordem urbanística* no atual inciso VI do art. 1º), cultural e do trabalho, dos direitos dos consumidores, da ordem econômica (atual inciso V do art. 1º da Lei nº 7.347/1985) e do patrimônio público e social, a proteção à honra e à dignidade de grupos raciais, étnicos ou religiosos (inciso VII), a defesa de direitos difusos e coletivos de pessoas com deficiência[19], a defesa dos direitos difusos e coletivos da infância e juventude[20] e dos idosos[21], a saúde pública (arts. 196 e 197 da Constituição Federal), a defesa da dignidade da pessoa humana (Constituição Federal, art. 1º, inciso III) e dos direitos humanos, entre outros.

2. Tutela processual dos interesses metaindividuais

2.1. Legitimação extraordinária e legitimidade adequada

Como já referido anteriormente, o paradigma, ao pensarmos em legitimidade para a tutela de direitos perante terceiros ou perante o Estado, inclusive diante do Poder Judiciário e de tribunais arbitrais, é o da *legitimidade ordinária*, entendida, em termos simples, como a defesa de um determinado direito próprio e em nome próprio, ou seja, a invocação de um direito, pessoalmente, por seu titular. Na lição de José Frederico Marques (1999, vol. II, p. 25):

> A legitimação pode ser *ordinária* e *extraordinária:* dá-se a primeira quando a ação é exercida pelo titular do interesse afirmado na pretensão e contra aquele que resistiu à pretensão.

As situações de *representação*, é conveniente salientar, não dizem respeito à legitimidade, na medida em que se traduzem

19 Essa possibilidade de tutela metaindividual é prevista desde 1989 pela Lei Federal nº 7.853/1989.

20 Lei nº 8.069/1990

21 Lei nº 10.741/2003.

na presença de um terceiro que, *em nome alheio,* se apresenta para a defesa do direito. A legitimidade é sempre aferida com relação à parte, não a seu representante, caso ele exista no caso concreto:

> Do dito até agora se infere claramente que nos casos de 'representação legal' até aqui enumerados, *parte* (...) é o *representado, não o representante:* o representante está no processo, não em seu próprio interesse nem no seu (...) nome próprio, senão em interesse e a nome de seu representado, sobre o qual unicamente recaem as consequências do processo (...). Para isso, a noção da parte como sujeito ativo ou passivo da demanda (...) deve ser integrada com referência ao fenômeno da representação: parte é aquele que demanda *em nome próprio* (...) e aquele contra quem (...) é demandada uma providência do juiz. (CALAMANDREI, 1999, p. 288)

Já a legitimação extraordinária, ou anômala, que difere por completo das situações de mera representação, consiste num artifício legal que propicia a tutela de direitos em hipóteses nas quais, por algum motivo, o titular não tem como se apresentar, por si ou por intermédio de um representante legal que aja em seu nome, ou mesmo como outorgar a terceiro, voluntariamente, a sua representação. Também denominada de substituição processual, é ela um instituto, como aponta Calamandrei (1999, p. 295), próprio do tópico da legitimação *ad causam,* e não da capacidade processual.

Consiste ela, assim, em situações nas quais a lei outorga a alguém a legitimidade para a defesa de um *direito alheio,* mas *em nome próprio.* A situação que se apresenta concretamente, portanto, é que "enquanto na representação parte em causa é o representado e não o representante, na substituição é parte em causa o substituto, e não o substituído" (CALAMANDREI, 1999, p. 295).

A situação é denominada *extraordinária* ou mesmo anômala porque apenas pode se dar quando houver expressa disposição legal a respeito. O art. 18 do Código de Processo Civil de

2015 segue exatamente esse parâmetro, ao estabelecer que "Ninguém poderá pleitear direito alheio em nome próprio, salvo quando autorizado pelo ordenamento jurídico".

Como aludido, cuida-se de hipóteses em que, não houvesse tal previsão, o direito correria risco de se mostrar desassistido com consequências que, sob o ponto de vista jurídico, iriam além do interesse privado e disponível do próprio titular. Haveria, assim, um resultado iníquo ou um desequilíbrio na ordem jurídica, o que é repudiado pelo ordenamento.

Essa é precisamente a hipótese dos interesses metaindividuais. Conforme já se referiu acima, salta aos olhos que, ausente essa ferramenta processual, a tutela de interesses cujos titulares sequer podem ser identificados – caso dos direitos difusos[22] – jamais sairia do campo conjectural. De outro, cuida-se de um instituto que, sem nenhum prejuízo efetivo, permite que um direito pertencente a uma coletividade de pessoas, que dificilmente se reuniriam para tutelá-lo (e, caso o fizessem, o fariam à custa de enorme tumulto processual e risco de inviabilização, por conta disso, da própria tutela) seja validamente invocado e eficientemente manejado em juízo ou fora dele.

Surge, então, a já mencionada (item 1.1., *supra*) questão da legitimidade[23] adequada.

A já referida (item 1.1., *supra*) *Rule 23* das *Federal Rules of Civil Procedure*, que estabelece, nos Estados Unidos da América,

---

22 "A *justa parte* em tema de interesses difusos não pode ser encontrada na relação de titularidade entre autor e pretensão, seja porque os sujeitos concernentes são indeterminados, seja em virtude da própria fluidez do objeto. Também o esquema de legitimação adequada aos interesses coletivos *stricto sensu* não é próprio para o caso dos interesses difusos, porque, naqueles, pode ser adrede estabelecido o órgão ou entidade que terá o poder de agir na justiça em nome desses interesses coletivos, assim *organizados* junto a seu 'representante natural'. A questão nodal, quando se trata de legitimação para agir em sede dos interesses difusos, consiste em saber se é possível reconhecer *poder de agir* a um cidadão, órgão público ou grupo social que se pretendem portadores de certos interesses cuja relação não permite sua afetação a um 'titular' exclusivo" (MANCUSO, 2000, p. 166).

23 Prefere-se, aqui, o termo "legitimação" (ou "legitimidade") a "representação", pois esta última, como visto, pertence a outro terreno jurídico.

os pressupostos para a validade e para o desenvolvimento da tutela metaindividual por meio das *class actions,* contém, entre os *requisitos* para a *class action,* já em seu item "a(4)", a representatividade adequada. Vale transcrevermos, no entanto, toda a alínea, por sua importância e para situarmos, no contexto dos requisitos, tal conceito:

> **(a) Pré-requisitos para a *class action***
>
> Um ou mais membros de uma classe podem processar ou ser processados como partes representantes em nome de todos se e apenas se (1) a classe é tão numerosa que a presença de todos os membros é impraticável, (2) há questões de direito ou de fato comuns à classe; (3) as reivindicações ou defesas das partes representativas são típicas das reivindicações ou defesas da classe, e (4) as partes representantes tutelem justa e adequadamente os interesses da classe.[24]

A legitimidade será adequada, portanto, quando o representante tiver a possibilidade de, em juízo – ou fora dele, conforme o caso – atender ao interesse jurídico da classe representada, de forma eficiente e completa. Nesse sentido, podem-se elencar a idoneidade, a capacidade técnica, a seriedade e, inclusive, a própria capacidade econômica daquele que se apresentará como o substituto, no contexto da tutela metaindividual, da classe ou conjunto de titulares do direito.

Cuida-se a representatividade (ou melhor, legitimação) adequada, na verdade, assim, de um método, ou de um expediente, essencial para que se viabilize a defesa de interesses que extrapolam a esfera individual e que, no entanto, diante da

[24] Tradução nossa do original: "One or more members of a class may sue or be sued as representative parties on behalf of all only if (1) the class is so numerous that joinder of all members is impracticable, (2) there are questions of law or fact common to the class, (3) the claims or defenses of the representative parties are typical of the claims or defenses of the class, and (4) the representative parties will fairly and adequately protect the interests of the class".

complexidade das relações que caracterizam o mundo atual e da necessidade de que respostas sejam dadas a conflitos multifacetados e complexos, devem merecer a devida atenção nas cortes judiciais e nos ambientes de pacificação e gerenciamento de conflitos. Sem isso, talvez por um apego ou uma insistência em se utilizarem apenas as tutelas meramente individuais, as ideias de pacificação social e de segurança jurídica seriam, nesse mundo complexo, meras abstrações .

Devem, no entanto, dentro desse espírito, ser estabelecidos parâmetros que garantam, no aspecto subjetivo, a idoneidade, em todas as facetas (técnica, econômica, estrutural etc.) daquele que representará o conjunto de titulares desses interesses, na medida em que a representatividade adequada é um requisito do devido processo legal coletivo.

Assim, uma vez que o legislador tenha optado por consagrar essa espécie de tutela, resta a questão de como se aferir a idoneidade, na prática, daquele que representará a coletividade de interessados.

A legislação brasileira, evidentemente, adotou um sistema *legal* para tanto[25], deixando, para o juiz do caso concreto, uma certa margem de poder de avaliação quanto ao preenchimento de requisitos[26]. Como já referimos no item 1.1., *supra*, é presumida, por força de lei, a adequação dos entes públicos legitimados para a ação civil pública. Há, ainda, uma margem um pouco maior, ainda que da mesma forma diminuta, diante do caso concreto, para aferição da legitimidade adequada por parte de associações.

---

[25] Lei Federal nº 7.347/1985, art. 5º; Código de Defesa do Consumidor (Lei Federal nº 8.078/1990), art. 82 (citamos aqui os dois principais dispositivos que compõem o microssistema de tutela coletiva em nosso ordenamento jurídico, sem prejuízo de outros, existentes em diversos diplomas esparsos, para os quais é válido o mesmo raciocínio aqui desenvolvido).

[26] O Projeto de Lei nº 1.641/21, de que também trataremos no Capítulo V, *infra*, prevê uma ampliação do rol de legitimados ativos, aumentando, ainda, as margens dos poderes judiciais para aferição da adequação da representatividade (art. 7º, §§ 1º a 8º e 22, inciso II).

Com isso, há vozes na doutrina que indicam que, no sistema legal brasileiro (situação diferente ocorre em países próximos que também, a exemplo do Brasil, adotam sistemas de *civil law,* como Argentina e Uruguai, nos quais se prevê uma aferição da adequação da representatividade *in concreto*) (LIMA FILHO, 2014, p. 238 a 242), não haveria sequer que se falar em representatividade adequada, diante de praticamente não haver autonomia judicial para aferição da adequação diante do caso concreto, dado o rol legal já existente.

Preferimos pensar, no entanto, que a ideia da necessidade de adequação na representatividade, no caso do sistema de processo coletivo brasileiro, é, sim, levada em conta, mas, não obstante, tal aferição é feita já em abstrato pelo Poder Legislativo e, não, apenas em concreto, pelo Poder Judiciário, e presumida, portanto, com relação aos entes arrolados em lei.

Assim, tem-se defendido, principalmente na doutrina, a possibilidade de o juiz também aferir, no momento em que a demanda coletiva lhe é submetida ou durante o processo, mas agora *in concreto,* se há representatividade adequada. Haveria, então, duas etapas de aferição, de modo que não bastaria aos legitimados ativos do rol legal simplesmente apresentarem a causa diante do Poder Judiciário, na medida em que a este seria lícito observar a adequação de tal representatividade a todo momento[27]. A presunção de adequação estabelecida pela lei, portanto, é relativa e não absoluta.

Nesse sentido a conclusão de Sérgio Franco de Lima (2014, p. 273), em dissertação de mestrado dedicada exclusivamente ao tema da representatividade adequada, com forte apoio dos mais renomados processualistas nacionais:

> (...) a interpretação que se revela correta, isto é, consonante à plena observância do devido processo legal e da

[27] O Projeto de Lei nº 1.641/21 (de que também trataremos no Capítulo V, *infra*) prevê, no art. 22, § 1º, inciso II, que o juiz, no momento do saneamento do feito, poderá "controlar a adequação da legitimação do autor e a necessidade de ampliação do rol de autores, no caso de haver muitos grupos ou subgrupos".

> efetividade no âmbito da prestação jurisdicional transindividual, valores constitucionais ligados ao direito processual, é aquela que prega a existência, por parte dos elencados legais como legitimados ativos às ações coletivas, de uma representatividade adequada presumida de modo relativo, podendo ser, tal presunção, dissolvida no caso concreto, diante da constatação, pelo juiz, da má atuação do autor do processo coletivo ao exercer a defesa dos interesses e direitos da classe de que se diz representante.

O fato é que a lei estabelece, em nosso sistema, tal presunção de adequação. Afastá-la dependerá de verificação segura, no caso concreto, quanto à ausência de adequação. A operação é, pode-se dizer, oposta àquela que se faz em sistemas como o das *class actions,* nos quais o que se verifica – obrigatoriamente – é se a adequação existe, pois em nenhum aspecto é ela presumida.

Há uma vantagem na adoção desse sistema, que o torna mais efetivo, quando pensamos na defesa *extrajudicial* dos interesses coletivos, um dos temas centrais deste trabalho. Com a presunção estabelecida pelo legislador, a iniciativa dos legitimados ativos em apurar o dano ou a ameaça de dano e celebrar, com o seu causador, um compromisso de ajustamento de conduta, reveste-se de maior segurança jurídica.

A formação do título executivo extrajudicial,[28] portanto, alicerçada pela presunção legal de legitimidade adequada por parte do ente responsável pela tutela daquele determinado interesse no caso concreto, se caracterizará, desde logo, portanto, por uma maior segurança, inclusive sob a ótica do responsável pela lesão ou ameaça ao interesse coletivo *lato sensu,* de que

[28] Acreditamos, aliás, que sequer a caracterização do TAC como título executivo extrajudicial seria possível, não fosse a presunção legal de representatividade adequada por parte dos legitimados ativos. Não nos parece ser por outra razão que as associações não estão legitimadas para a celebração dos compromissos de ajustamento de conduta, pois no caso delas a presunção de adequação na representatividade é sujeita a maiores questionamentos na prática.

está a celebrar o compromisso e a ajustar sua conduta diante de um órgão ou instituição cuja legitimidade não será questionada posteriormente, ou que um questionamento desse tipo deverá ser cabalmente demonstrado para ser acolhido. Com isso, afasta-se, ou diminui-se sensivelmente, em caráter preliminar, o risco de se perder toda a negociação a ser efetuada, fato que a reveste de maior robustez e segurança.

2.2. Questões processuais e procedimentais

Os temas, as dúvidas e as controvérsias que envolvem o processo de tutela coletiva são inesgotáveis e há dezenas de obras e farta jurisprudência a tratar de tais assuntos. Procuraremos, aqui, então, abordar alguns aspectos que se mostram importantes para o estudo acerca da utilização dos métodos autocompositivos para a gestão de conflitos metaindividuais.

Competência. O primeiro de tais temas é o da *competência*. Dispõe o art. 2º da Lei da Ação Civil Pública (Lei Federal nº 7.347/1985)[29] que "As ações previstas nesta Lei serão propostas no foro do local onde ocorrer o dano, cujo juízo terá competência funcional para processar e julgar a causa". Assim, o legislador estabeleceu um critério de local para o estabelecimento de uma competência funcional, ou seja, absoluta. A razão de ser dessa opção está na maior facilidade que o órgão julgador

[29] O Projeto de Lei nº 1.641/21 (de que também trataremos no Capítulo V, *infra*) disciplina a competência para as ações civis públicas nos arts. 8º a 10, ampliando e flexibilizando os critérios para sua fixação (local da ação ou omissão ou local do dano, por exemplo), conforme o caso e consoante exposto na petição inicial. Estabelece, ainda, critérios especiais para se dirimirem conflitos de competência, bem como para a prevenção, cooperação entre juízos, litispendência e reunião de ações. Critério interessante e inovador para a fixação de competência diz respeito à aferição da estrutura dos órgãos judiciais e eventual especialização dos juízes (termo que deve ser interpretado como se referindo à especialização de varas, ou seja, um critério de competência em razão da matéria, sob pena de violação ao disposto no art. 5º, incisos XXXVII e LIII da Constituição Federal) na matéria do litígio, entre outros, nas hipóteses de haver mais de uma comarca ou subseção judiciária competente para a demanda.

da localidade em que se der o dano – ou em que o dano potencial possa vir a ocorrer[30] – para colher e examinar provas. Essa proximidade com a conjuntura fática, além disso, como regra, propicia uma análise mais profícua do caso[31].

Para fins de aplicação do disposto no art. 109 da Constituição Federal (competência da Justiça Federal), considera-se, por óbvio, segundo a organização judiciária respectiva, o órgão judicial que tiver jurisdição sobre aquela localidade. Não há, na verdade, nessa hipótese, nenhuma exceção à regra contida no art. 2º da Lei da Ação Civil Pública. Aplica-se a Constituição Federal, pura e simplesmente, como com relação a qualquer causa em que haja interesse da União, entidade autárquica ou empresa pública federal. O foro continua a ser o do local do dano, já que, ainda que não haja vara federal exatamente naquela localidade, sempre haverá um ou mais juízes federais com jurisdição sobre ela.

Também o Código de Defesa do Consumidor (Lei Federal nº 8.078/1990), que, juntamente com a Lei da Ação Civil Pública, contempla um microssistema de tutela coletiva, contém regras acerca da competência. Como regra geral, para demandas que envolvam interesses difusos e coletivos, segue-se o estabelecido na Lei da Ação Civil Pública (art. 90 do Código de Defesa do Consumidor). São de especial relevância, além disso, os dispositivos que se referem à competência para ações relacionadas a direitos transindividuais *divisíveis*[32], ou seja, a interesses individuais homogêneos, tanto no que toca aos *danos de alcance*

30 O Código de Defesa do Consumidor contém essa expressa ressalva (art. 93, inciso I).

31 "Qualquer que seja o sentido que se queira dar à expressão 'competência funcional' prevista no art. 2º, da Lei 7.347/85, mister preservar a vocação pragmática do dispositivo: o foro do local do dano é uma regra de eficiência, eficácia e comodidade da prestação jurisdicional, que visa a facilitar e otimizar o acesso à justiça, sobretudo pela proximidade física entre juiz, vítima, bem jurídico afetado e prova" (Superior Tribunal de Justiça, Recurso Especial nº 1.057.878/RS; relator: Ministro Herman Benjamin).

32 Ver item 1.4., *supra*.

nacional ou regional (art. 93, inciso II)[33], quanto às "ações de responsabilidade do fornecedor de produtos e serviços", prevendo-se a possibilidade de ajuizamento no foro de domicílio do autor (art. 101, inciso I).

Assim, quando se tratar de dano de âmbito regional ou nacional a interesses individuais homogêneos, a regra é a competência do foro da capital do Estado ou do Distrito Federal. Quando se tratar de ação coletiva de responsabilidade do fornecedor de produtos e serviços, existe a possibilidade, nos termos do disposto no art. 101, inciso I do Código de Defesa do Consumidor, de ajuizamento no domicílio do autor.

Duas questões se colocam neste ponto: como e quando se mostra possível, afinal, optar pelo domicílio do autor para ajuizamento de ações coletivas; e qual a regra de competência em se tratando de dano *difuso* ou *coletivo* de alcance regional ou nacional.

Quanto ao primeiro desses temas, como referido, o dispositivo que estabelece tal competência (art. 101, inciso I do Código de Defesa do Consumidor) se refere a ações "de responsabilidade civil do fornecedor de produtos e serviços", sendo, portanto, mais específico que os arts. 91 a 100, que tratam de demandas de tutela de interesses individuais homogêneos em geral (Capítulo II do Título III do Código).

Em primeiro lugar, vale observar que se tem entendido tal competência como absoluta em diversos julgados[34], em razão do sistema de proteção ao consumidor estabelecido pela Lei Federal nº 8.078/1990 (notadamente os princípios contidos no art. 6º, incisos VII e VIII de tal diploma legal).

Quando se fala em domicílio, no entanto, a referência imediata que se faz, naturalmente, é à tutela de direitos individuais. Em se tratando de demanda coletiva, o autor (agindo, como já visto, em nome próprio, como substituto processual) será uma

---

33 Nas hipóteses de dano local, segue-se a regra geral (art. 93, inciso I).

34 Como exemplo, cita-se o acórdão proferido, pelo Superior Tribunal de Justiça, em embargos de declaração no Conflito de Competência nº 116.009/PB.

pessoa jurídica legitimada, ou a Defensoria Pública ou o Ministério Público. Não há muito sentido em se falar no ajuizamento de tal ação no domicílio da Defensoria Pública ou do Ministério Público, por exemplo. A princípio, portanto, nesses casos, ou seja, nos casos de tutela coletiva que busque a responsabilização de fornecedores por danos, deverá ser utilizada a regra geral prevista pelos arts. 2º da Lei da Ação Civil Pública e 90 do Código de Defesa do Consumidor[35], ou, mais especificamente, pelo art. 93 do segundo diploma (em se tratando de interesses individuais homogêneos, como visto).

A regra tem enorme importância, de qualquer modo, notadamente no âmbito da tutela metaindividual de interesses individuais homogêneos, quando pensamos na fase de cumprimento de sentença ou de execução de título. Com efeito, desde o momento da liquidação pelo interessado individualmente lesado, poderá se dar o ajuizamento no foro de seu domicílio, ainda que a sentença tenha sido proferida em outro foro[36] (como o do dano). É o que se extrai, aliás, do disposto nos incisos I e II do § 2º do art. 98 do Código de Defesa do Consumidor.

O mesmo raciocínio, evidentemente, se aplica à execução de títulos extrajudiciais que exprimam a realização de autocomposição em matéria de interesses individuais homogêneos.

Tratemos, agora, da questão relativa a danos de âmbito regional ou nacional.

Não há dúvida relevante sobre a possibilidade de aplicação do art. 93 do Código de Defesa do Consumidor (constante, como já referido, de capítulo referente a "ações coletivas para

[35] Muito comum, ademais, é, por exemplo, particularmente em demandas propostas pelo Ministério Público e pela Defensoria Pública, a *cumulação* de pedidos que cuidam de interesses difusos com pedidos que tratam de interesses individuais homogêneos.

[36] "A analogia com o art. 101, I, do CDC e a integração desta regra com a contida no art. 98, § 2º, I, do mesmo diploma legal garantem ao consumidor a prerrogativa processual do ajuizamento da execução individual derivada de decisão proferida no julgamento de ação coletiva no foro de seu domicílio" (Superior Tribunal de Justiça, Recurso Especial nº 1.098.242/GO. Relatora: Ministra Nancy Andrighi).

a defesa de interesses individuais homogêneos") à tutela de interesses difusos e coletivos. O microssistema de tutela coletiva o impõe. Veja-se, por exemplo, o quanto refere, a respeito, Ada Pellegrini Grinover, citada por Álvaro Luiz Valery Mirra:

> Já firmamos nossa posição no sentido de que o art. 93 do CDC, embora inserido no capítulo atinente às 'ações coletivas em defesa de interesses individuais homogêneos', rege todo e qualquer processo coletivo, estendendo-se às ações em defesa de interesses difusos e coletivos. Não há como não se utilizar, aqui, o método integrativo, destinado ao preenchimento da lacuna da lei, tanto pela interpretação extensiva (extensiva do significado da norma) como pela analogia (extensiva da intenção do legislador). (GRINOVER *et al.* *apud* MIRRA, 2001, p. 69)

Completa a grande processualista ponderando que, caso a regra fosse aplicável apenas à tutela individual homogênea, haveria uma grave incoerência no sistema processual, que deve ser repudiada, inclusive, pelo bom senso (GRINOVER *et al.* *apud* MIRRA, 2001, p. 69).

Também nesse sentido a decisão proferida pelo Supremo Tribunal Federal no Recurso Extraordinário nº 1101937/SP (*leading case* – repercussão geral: tema 1075), de que trataremos com mais detalhe abaixo.

Ultrapassado esse ponto, restaria caracterizar, em termos claros, o que seria dano de âmbito regional ou nacional, ressaltando-se, desde logo, que se cuida de danos cuja ocorrência, em se tratando particularmente de interesses difusos, não é incomum.

A primeira – e óbvia – linha de corte está nos limites da circunscrição judiciária. Pensemos, por exemplo, no conceito de comarca. À evidência, danos cujos reflexos se espraiem dentro dos limites respectivos estarão, no caso de tutela judicial, restritos à competência de tal foro, aplicando-se a regra geral.

A primeira dúvida que naturalmente surgirá dirá respeito a identificar se *em qualquer caso* em que se ultrapassem os limites territoriais da circunscrição estaremos diante de dano, ao menos, regional, para os fins do inciso II do art. 93 do Código de Defesa do Consumidor.

A resposta nos parece ser negativa.

Para que se desloque a competência para o foro da capital do Estado, o dano deve ser efetivamente regional, ou seja, alcançar uma amplitude geográfica que autorize concluir que a prova será mais bem coletada e as decisões a respeito do litígio serão conduzidas de maneira mais efetiva, dada a abrangência do dano (ou da ameaça de lesão), por um órgão julgador que, situado no centro de decisões daquela unidade federativa, tenha a possibilidade de lançar um olhar mais abrangente sobre as suas causas e consequências, e, com isso, em tese, se mostre apto a encontrar caminhos para gestão do conflito que observem, de forma mais eficaz, as diferentes maneiras com que as diversas localidades atingidas são afetadas por aquele fato.

Assim, quando o dano atingir mais de um foro, não sendo, no entanto, propriamente regional, a competência será determinada pela prevenção.

Com relação aos danos de caráter nacional, pensamos estar correto o entendimento esposado por Ada Pellegrini Grinover *et al.*, no sentido de que:

> (...) a competência deveria ser sempre do Distrito Federal: isso para facilitar o acesso à Justiça e o próprio exercício do direito de defesa por parte do réu, não tendo sentido que seja ele obrigado a litigar na capital de um Estado, longínquo talvez de sua sede, pela mera opção do autor coletivo. (GRINOVER *et al.*, 2000, p. 779)

Cabe ainda mencionar, quanto ao tema em questão, que em 1997, por meio da Lei nº 9.494, de 10 de setembro, o art. 16 da Lei da Ação Civil Pública teve sua redação alterada, para estabelecer que a coisa julgada seria *erga omnes* "nos limites da competência territorial do órgão prolator". Assim, ao mesmo tempo em que se previu a natureza ampla da coisa julgada em demandas metaindividuais, ela ficou restrita ao alcance da competência do juiz sentenciante.

O contrassenso foi tratado, pelo Supremo Tribunal Federal, no Recurso Extraordinário nº 1101937/SP (*leading case* – repercussão geral: tema 1075), em que, em acórdão de abril de 2021[37], se deu pela:

> Inconstitucionalidade do artigo 16 da LACP, com a redação da Lei 9.494/1997, cuja finalidade foi ostensivamente restringir os efeitos condenatórios de demandas coletivas, limitando o rol dos beneficiários da decisão por meio de um critério territorial de competência, acarretando grave prejuízo ao necessário tratamento isonômico de todos perante a Justiça, bem como à total incidência do Princípio da Eficiência na prestação da atividade jurisdicional.

Com isso, foi repristinada a redação original[38] do dispositivo. E, além disso, decidiu-se que "II – Em se tratando de ação civil pública de efeitos nacionais ou regionais, a competência deve observar o art. 93, II, da Lei 8.078/1990 (Código de Defesa do Consumidor)", bem como que "III – Ajuizadas múltiplas ações civis públicas de âmbito nacional ou regional e, fixada a competência nos termos do item II, firma-se a prevenção do juízo que primeiro conheceu de uma delas, para o julgamento de todas as demandas conexas"[39].

---

37 Relator: Ministro Alexandre de Moraes.

38 "A sentença civil fará coisa julgada *erga omnes*, exceto se a ação for julgada improcedente por deficiência de provas, hipótese em que qualquer legitimado poderá intentar outra ação com idêntico fundamento, valendo-se de nova prova."

39 Emblemático caso de dano regional ou nacional é o acidente com a barragem de Mariana, em Minas Gerais. No Conflito de Competência nº 144.922 – MG, julgado pelo Superior Tribunal de Justiça, consta, do parecer do Ministério Público Federal, transcrito no voto da Ministra Relatora Diva Malerbi: "4. O microssistema do processo civil coletivo elege, no art. 93, II, do CDC, aplicável à LACP, o critério de foros concorrentes, nas situações em que há danos de âmbito nacional ou regional, acentuando a competência do foro da Capital do Estado ou do Distrito Federal. É o caso em tela, pois o dano não é de âmbito local.

A complexidade de danos difusos de grande monta também pode recomendar, ou mesmo impor, que determinados aspectos com reflexos que permitam uma delimitação marcantemente local sejam destacados do todo e apurados e levados à autocomposição de forma desmembrada, ou mesmo judicializados dessa forma. Exemplo paradigmático disso são os danos multifacetados e dispersos – por dezessete comarcas do Estado de Minas Gerais – resultantes do rompimento da barragem de rejeitos de Fundão, cuja apuração e desdobramentos exigiram um esforço hercúleo e histórico por parte de diversas instituições, como por exemplo os Ministérios Públicos Federal, do Trabalho e do Estado de Minas Gerais, com a distribuição, por este último MP, de investigações de danos localizados pelos diversos foros atingidos, sem prejuízo de outras iniciativas abordando danos de âmbito regional e nacional causados pelo acidente, como por exemplo os prejuízos causados ao Rio Doce[40].

5. A existência da ação civil pública ambiental em curso na 12ª Vara Federal de Belo Horizonte – MG sinaliza a confluência de vários fatores determinantes da fixação da competência da Justiça Federal na capital mineira inclusive para as demandas preventivas e corretivas que ensejaram o conflito positivo sob exame, quais sejam: a) a competência da Justiça Federal para as ações; b) a competência territorial adequada do foro da Capital do Estado para demandas relativas a danos de âmbito nacional ou regional; c) a conexão entre as ações civis públicas de responsabilidade pelos danos socioambientais, inclusive as cautelares, envolvendo o mesmo objeto e causa de pedir; d) a continência, a atrair a ação ajuizada pela Defensoria Pública da União, já que seu objeto imediato é menos amplo; e) e, finalmente, a prevenção (art. 2º, parágrafo único, da LACP), porquanto a demanda de objeto mais amplo, com vistas à responsabilização pelos danos socioambientais é justamente aquela ajuizada perante a Seção Judiciária da Justiça Federal em Belo Horizonte. 6. A reunião de todos esses processos é, pois, um imperativo lógico e inarredável, a fim de que se assegurem julgamento simultâneo e solução harmônica e coerente, afastando-se o risco de decisões díspares e neutralizadoras entre si. 7. Parecer pela procedência do conflito, mas para que se declare a competência do Juízo da 12ª Vara Federal da Seção Judiciária de Minas Gerais, em Belo Horizonte".

[40] Para um relato mais detalhado acerca do trabalho efetuado pela força-tarefa criada no âmbito do Ministério Público do Estado de Minas Gerais, consulte-se o documento "Caso Samarco: relatório de atividades da força-tarefa do MPMG", que pode ser localizado em pesquisa na *internet*.

Ainda que, num ambiente de encaminhamento de conflito para a autocomposição, haja maior flexibilidade para a definição de como se darão as tratativas a respeito, principalmente nos momentos iniciais, os mesmos critérios de definição de competência, tanto para danos locais como regionais ou nacionais, poderão ser aplicados ao se estabelecer os órgãos e local em que serão gerenciados os conflitos metaindividuais no viés autocompositivo, e, principalmente, também para a distribuição de execuções de títulos extrajudiciais assim produzidos.

Litisconsórcio. De particular interesse para o tema da autocomposição em interesses difusos, assim como o é no que diz respeito ao estudo de aspectos e controvérsias de direito processual, é a questão do *litisconsórcio ativo*[41] na tutela de interesses transindividuais[42].

A possibilidade de que mais de um representante adequado ocupe o polo ativo da demanda já não nos parece questão controversa. Cuida-se de situação comum na prática e que, a bem da verdade, não deveria suscitar muitas dúvidas. Assim, por exemplo, a propositura de demandas em conjunto pelo Ministério Público e pela Defensoria Pública, ou por determinado Estado em conjunto com determinado Município, e assim por diante.

Também o litisconsórcio ulterior é instituto aceito no campo da ação civil pública, inclusive com a possibilidade de apresentação de emenda à inicial pelo colegitimado, prestigiando-se, assim,

41 No que toca ao litisconsórcio passivo, aplica-se, às demandas coletivas, sem maiores questionamentos, o sistema processual civil comum.

42 O Projeto de Lei nº 1.641/21 (de que também trataremos no Capítulo V, *infra*) cuida de disciplinar o instituto no âmbito das ações coletivas, nos §§ 9º e 10 do art. 7º. Em linhas gerais, fica expressamente admitido o litisconsórcio ativo entre os colegitimados, entre os ramos do Ministério Público e entre ramos da Defensoria Pública. No art. 20, dispõe o PL que "Art. 20. O juiz poderá admitir a participação de outros sujeitos que demonstrem a existência de interesse relevante e a utilidade de sua atuação para a solução do processo", bem como a citação de agências e órgãos reguladores "quando a decisão afetar as relações por eles disciplinadas, caso em que a intervenção não acarretará deslocamento de competência" (§ 1º). Admite, ainda, "a intervenção do colegitimado como assistente litisconsorcial" (§ 4º).

a efetividade do processo e o espírito de solução de litígios em massa, com preservação da segurança e da paz sociais[43].

Outra questão interessante neste campo diz respeito à possibilidade de litisconsórcio entre o legitimado para a ação civil pública e o *autor popular*[44]. Como se sabe, a Constituição Federal (art. 5º, inciso LXXIII) atribui a qualquer cidadão a legitimidade para propor ação popular visando "anular ato lesivo ao patrimônio público ou de entidade de que o Estado participe, à moralidade administrativa, ao meio ambiente e ao patrimônio histórico e cultural". Em se tratando de ação civil pública que verse sobre um desses assuntos, como leciona Hugo Nigro Mazzilli:

> Não teria sentido negar ao cidadão a possibilidade de ser litisconsorte nessas ações civis públicas, pois que poderia ele propor, em separado, ação popular com o mesmo pedido e com a mesma causa de pedir (...). (MAZZILLI, 1996, p. 239)

Diferentemente, no entanto, dos colegitimados para ações com base na Lei da Ação Civil Pública e no Código de Defesa do Consumidor, o cidadão não poderá figurar como legitimado adequado em fase extraprocessual de autocomposição, já que não detém ele a legitimidade para a celebração de compromissos de ajustamento de conduta com os responsáveis pela lesão ou ameaça de lesão a interesses coletivos *lato sensu.*

Em sede processual, no entanto, há a possibilidade de se imaginar a ocorrência de conjunturas que possibilitem a realização de autocomposição. De um lado, temos a obrigatória intervenção do Ministério Público – legitimado legal para o compromisso de ajustamento de conduta – em ações populares,

43 Sobre a maior flexibilidade para a apresentação de emendas em demandas coletivas (aplicando-se a ideia, evidentemente, também nos casos de ingresso posterior de colegitimado como litisconsorte ativo), veja-se, como exemplo, o acórdão proferido pelo Superior Tribunal de Justiça no Recurso Especial nº 1279586/PR, relator: Min. Luís Felipe Salomão)

44 Ação popular: Lei Federal nº 4.717/1965.

nos termos do que dispõe o § 4º do art. 6º da Lei Federal nº 4.717/1965. Além disso, na hipótese de desistência da ação por parte do autor popular, determina a lei a publicação de editais pelo juízo, assegurando-se a qualquer cidadão, bem como ao Ministério Público, promover o prosseguimento da ação. O que inspira tais dispositivos é, como fica evidente, a própria indisponibilidade dos direitos tutelados pela via da ação popular. Disso decorre, no entanto, a presença obrigatória do Ministério Público, e a possibilidade de que assuma o polo ativo da demanda em caso de desistência, o que acaba por abrir a possibilidade concreta de que os mecanismos de autocomposição ganhem espaço também em ações populares.

Tutela de urgência. Trataremos, por fim, ainda no campo de aspectos processuais da defesa de direitos metaindividuais, da *tutela de urgência*.

É claro que, de início, é difícil imaginar em que aspectos a possibilidade de concessão de medidas liminares no campo da tutela transindividual poderia ter reflexos na seara da aplicação de métodos autocompositivos. Com efeito, sabe-se, de um lado, que o próprio instituto da tutela de urgência tem por princípio informador a garantia da efetividade do *processo*[45].

Propõe-se que se pense a questão, no entanto, sob outro prisma. A complexidade e multiplicidade de situações de perigo de dano a direitos metaindividuais impõe que os legitimados para a sua defesa, ainda que imbuídos do espírito conciliador e resolutivo que deve pautar sua atuação[46], dentro, aliás, do que estabelece como parâmetros básicos para o processo civil o próprio Código de 2015[47], jamais percam de vista, ao iniciar

[45] Art. 300, *caput*, parte final, do Código de Processo Civil.

[46] Quanto ao Ministério Público, *v.g.*: "Ao Ministério Público brasileiro incumbe implementar e adotar mecanismos de autocomposição, como a negociação, a mediação, a conciliação, o processo restaurativo e as convenções processuais, bem assim prestar atendimento e orientação ao cidadão sobre tais mecanismos" (art. 1º, parágrafo único da Resolução CNMP nº 118/2014).

[47] Art. 3º, § 3º; art. 165; art. 334, entre outros.

a apuração ou a verificação sobre a ocorrência ou ameaça de ocorrência de tais danos, a possível necessidade de lançarem mão de medidas judiciais de urgência. Isso não afasta ou impede, no entanto, que, uma vez assegurado o direito ameaçado, por meio de uma tutela liminar ou antecipatória[48], e sem prejuízo da necessidade de observância de prazos processuais em prosseguimento à demanda iniciada, inicie-se ou prossiga-se na preparação dos encaminhamentos devidos para uma possível pactuação acerca da solução para o conflito, seja ela conduzida judicialmente, seja extrajudicialmente.

A tutela de urgência, portanto, pode ser vista não apenas como um instrumento de garantia da utilidade do processo, como também da própria efetividade do emprego dos métodos autocompositivos na tutela de direitos coletivos *lato sensu*[49].

No microssistema brasileiro de tutela coletiva, é ampla a possibilidade de decretação de medidas liminares. Preveem-no expressamente[50] o art. 12 da Lei da Ação Civil Pública e o art. 84, § 3º do Código de Defesa do Consumidor.

Cuidou o legislador de 1985, no entanto, de desde logo restringir, pela criação de uma possibilidade de reexame de decisões liminares, a autonomia do juiz de primeiro grau, em dissonância com a própria lógica do estabelecimento de competência absoluta pelo local do dano, da qual tratamos no início deste item 2.2.

Assim, dispõe o § 1º do citado art. 12 que, proferida decisão liminar, poderá, a pedido de pessoa jurídica de direito público, o

48 Lisa Blomgren Amsler, Janet K. Martinez e Stephanie E. Smith (2020, pos. 6864) advertem que métodos consensuais de resolução de conflitos devem ceder à adoção de providências de aplicação mais célere quando "A saúde pública ou a segurança exigirem que uma ação seja tomada imediatamente" (tradução nossa).

49 É interessante anotar que o Projeto de Lei nº 1.641/21 (de que também trataremos no Capítulo V, *infra*) prevê, no seu art. 24, a possibilidade de produção antecipada de provas em ações coletivas e ações civis públicas.

50 O que, hoje, diante da sistemática da tutela de urgência constante da lei processual civil, seria dispensável, à vista do disposto nos arts. 19 da Lei da Ação Civil Pública e 83 e 90 do Código de Defesa do Consumidor.

presidente do Tribunal suspender a sua execução[51], "para evitar grave lesão à ordem, à saúde, à segurança e à economia pública". O interessante é que, invariavelmente, a tutela liminar terá por objetivo justamente evitar lesões dessa espécie. Assim, aqui, parece se destacar, como em muitas situações em que corriqueiramente se veem os aplicadores do Direito em nosso país, a velha dicotomia entre interesse público primário e secundário. É de especial relevância que os magistrados presidentes de Tribunais não se coloquem na situação de preservar o segundo, em detrimento do primeiro, ao determinarem suspensões de execução de tutelas coletivas de urgência com base neste dispositivo.

É claro que, da decisão liminar, também cabe agravo de instrumento (Código de Processo Civil, art. 1.015, inciso I).

Outros diplomas posteriores também procuraram estabelecer restrições à concessão de medidas de urgência no âmbito da tutela metaindividual.

Destaca-se, nesse sentido, a Lei Federal nº 8.437, de 30 de junho de 1992, que "dispõe sobre a concessão de medidas cautelares contra atos do Poder Público e dá outras providências".

O art. 1º, *caput*, estabelece que:

> Não será cabível medida liminar contra atos do Poder Público, no procedimento cautelar ou em quaisquer outras ações de natureza cautelar ou preventiva, toda vez que providência semelhante não puder ser concedida em ações de mandado de segurança, em virtude de vedação legal.

---

51 "A exemplo do que ocorre no sistema do MS (LMS 15), trata-se de medida de competência originária do tribunal, não tendo natureza jurídica de recurso. No pedido de suspensão de liminar, é facultativa a ouvida do autor da ACP, que falará em cinco dias (LMC 4.º § 3.º). A manifestação do MP no pedido de suspensão da liminar é sempre obrigatória, por ser ele o tutor natural dos direitos difusos e coletivos (CF 129 III; LACP 5.º § 1.º; CPC 178 III; LMC 4.º § 2.º [redação dada pela MedProv 2180-35, de 24.8.2001]; RITJSP 776; 1.º TACivSP Assento Regimental 47, de 19.3.1992). A competência para apreciar o pedido é do presidente do tribunal. A suspensão da execução da liminar é medida excepcionalíssima (RT 689/134)" (NERY, 2019, pos. RL-1.13).

Cuida-se de dispositivo que, a rigor, na prática forense, não se deveria mostrar sequer aplicável. É essa a posição de Nélson Nery Júnior e Rosa Maria de Andrade Nery, já que, por primeiro:

> (...) a lei não pode impor vedações ou restrições ao MS, cujos limites decorrem exclusivamente do texto constitucional. Segundo, que a proibição aqui mencionada é ineficaz e inócua, porque, se a situação de fato ensejar urgência na prestação jurisdicional, o juiz tem de conceder a liminar, haja ou não lei permitindo. Isto porque o sistema jurídico tem de encontrar mecanismos idôneos para que haja efetividade do direito ou de seu exercício, fazendo-o por meio das liminares *tout court* dos *writs* constitucionais e das medidas cautelares. (NERY JÚNIOR; NERY, 2019, pos. RL-1.13)

Dispõe, ainda, o § 3º do mesmo art. 1º que "Não será cabível medida liminar que esgote, no todo ou em qualquer parte, o objeto da ação".

A estranha redação do dispositivo leva à perplexidade, por induzir a uma confusão entre institutos processuais diversos. Uma medida liminar representa uma tutela de urgência que, nessa condição, por sua própria natureza, não tem como esgotar o objeto da ação, que deve dizer respeito ao mérito.

Assim, o objetivo da tutela liminar, ainda que se refira a toda a amplitude dos pedidos meritórios, ontologicamente jamais esgotará o pedido principal: seu objetivo é assegurar o resultado útil do processo. Daí a possibilidade de ser concedida *inaudita altera parte* sem que, com isso, haja violação ao princípio do contraditório.

Em conclusão, ou o dispositivo é inócuo[52], ou é inconstitucional, pois acaba por limitar o exercício da jurisdição, em afronta ao disposto no inciso XXXV do art. 5º da Constituição Federal.

[52] Ainda que se entenda que a vedação em questão se referiria apenas a "cautelares satisfativas" (STJ, 2ª T., AgIntAREsp 785407-RJ, rel. Min. OG Fernandes, j. 11.12.2018, *DJUe* 17.12.2018, *apud* NERY, 2019, pos. RL35-2), uma estranha expressão processual, por representar uma contradição em termos, o dispositivo seria inócuo e capaz de induzir em erros.

Outro dispositivo polêmico da Lei Federal nº 8.437/1992 é o art. 2º, que determina, caso a medida liminar seja pretendida em desfavor de pessoa jurídica de direito público, seu representante deverá ser ouvido previamente, no prazo de setenta e duas horas.

Mais uma vez, sob pena de se reputar inconstitucional a regra, tal determinação poderá ser desconsiderada pelo juiz para que se evite o perecimento do direito[53] ou, na dicção do Código de Processo Civil (art. 300), para que se assegure o resultado útil do processo.

2.3. Efeitos da resolução de conflitos transindividuais (coisa julgada)

Uma pergunta que caberia ao se observar que temos, dentro dos parâmetros elencados, por exemplo, duas categorias ou espécies de interesses metaindividuais caracterizados pela *indivisibilidade* (difusos e coletivos), ou duas categorias que dispensam a prévia existência de relações jurídicas (difusos e individuais homogêneos) seria com relação às *razões* para tal diferenciação.

Um motivo de fundo prático e da maior relevância está no alcance da coisa julgada de sentenças proferidas num e noutro caso.

Isso porque, quando pensamos em interesses difusos, estamos, como referido, ampliando o olhar para direitos que dizem respeito a toda a coletividade. Naturalmente, portanto, a resolução de conflitos que envolvam tais interesses acaba por apresentar um alcance que corresponde exatamente a essa dispersão.

Cabe, aliás, pontuar que a importância de se olhar para os efeitos de dispersão, nas sociedades, dos fenômenos em geral, aumenta em proporção direta à maleabilidade espacial, temporal e cultural que caracteriza a era pós-industrial, marcantemente

---

53 "Quando houver ameaça de iminente perecimento de direito, avaliando o juiz que não dá para esperar as setenta e duas horas para a manifestação do requerido, pode conceder a liminar *inaudita altera parte*" (NERY, 2019, pos. RL-1.13).

volátil, incerta, complexa e ambígua, conjuntura capturada pela sigla VUCA (*volatility, uncertainty, complexity, ambiguity*), cunhada na década de 1990 no meio militar norte-americano para ganhar aplicação em todas as áreas do conhecimento. Essas características da realidade são amarradas e se apresentam, além de tudo, com uma marcante *interconexão*. Nem mesmo os limites entre países, hoje, se mostram suficientes para que se imagine uma gestão interna eficiente dos conflitos ambientais, trabalhistas, sociais, de produção etc., o que impõe que se atente para a necessidade da criação de ferramentas que permitam manejar de forma satisfatória – ou seja, realmente ampla – as lesões e ameaças a direitos e interesses, que desconhecem fronteiras e atropelam planejamentos de curto e médio prazos.

Assim, a coisa julgada, como prevê o Código de Defesa do Consumidor, será *erga omnes* para sentenças que digam respeito a conflitos difusos e *ultra partes* para aquelas que julgarem conflitos coletivos (art. 103, incisos I e II)[54]. Com relação aos interesses individuais homogêneos, será ela, também *erga omnes*. Verifiquemos quais os parâmetros estabelecidos para tanto.

É intuitivo que a resolução do conflito difuso deva ter efeitos *erga omnes*. Como dito, cuida-se de interesses espraiados por toda a sociedade, e o cumprimento ou execução de título que exprima

[54] O Projeto de Lei nº 1.641/21 (de que também trataremos no capítulo V, *infra*) disciplina a coisa julgada em ações civis públicas e coletivas em seu art. 32 e parágrafos. Bastante interessante é a regra prevista no § 7º, no sentido da possibilidade de adequação da coisa julgada à realidade fática verificada no momento do cumprimento da sentença ("O juiz, de ofício ou a requerimento das partes e observado o contraditório prévio, poderá adequar o modo de proteção do bem jurídico na fase de cumprimento ou no processo de execução, ajustando-a às peculiaridades do caso concreto e às alterações fáticas supervenientes, inclusive na hipótese de o ente público ou seu delegatário promover políticas públicas que se afigurem mais adequadas do que as determinadas na decisão, ou se esta se revelar inadequada ou ineficaz para o atendimento do direito"). Entendemos que o dispositivo é bastante salutar, na medida em que as dinâmicas próprias de conflitos e conjunturas envolvendo direitos metaindividuais são cambiantes e envoltas, em regra, em grande complexidade. Evidentemente, o papel dos métodos autocompositivos, nesse contexto, é demasiadamente importante.

a solução da disputa, naturalmente, perderia por completo sua própria razão de ser caso não atingisse a todos indistintamente.

Na verdade, quaisquer dilemas com relação a isso devem estar resolvidos previamente, pois o que se mostra realmente crucial nesse sentido é momento em que o legislador elege os legitimados que adequadamente representarão (o que se presume, como dito, atendidos determinados parâmetros) os titulares do direito.

Não teríamos aqui, então, uma violação ao devido processo legal, ao se pensar em sentenças judiciais – e a questão fica mais sensível na hipótese de resolução extrajudicial, em que ausente a figura do Estado-juiz como agente modulador dos interesses, parâmetros e variáveis em jogo –, na medida em que, ao contrário do que se possa imaginar de pronto, não se tem, simplesmente, a produção de efeitos *em relação a pessoas que não foram parte no processo* ou nas discussões que culminaram com a obtenção do título.

Basta imaginar que estamos diante de direitos e interesses que, sem nenhuma dúvida, *existem*, merecendo, portanto, a devida tutela em caso de ameaça ou lesão, mas que, ao mesmo tempo, simplesmente não teriam como ser tutelados na hipótese de não se elegerem legitimados adequados. A solução, portanto, para que tal tutela ocorra efetivamente, está na opção adotada, que permite com que tais conflitos sejam apreciados.

Nesse sentido, observam Ada Pellegrini Grinover *et al.*:

> Já se observou que é justamente na ótica da *adequada representação* do conjunto de interessados que se podem resolver os problemas constitucionais da informação e do contraditório e seus reflexos nos limites subjetivos da coisa julgada, porquanto os *adequadamente representados* não são propriamente *terceiros*. (GRINOVER *et al.*, 2000, p. 804, destaques no original)

Assim, os efeitos da solução do conflito difuso serão *erga omnes* (exceto, quanto a decisões judiciais de mérito, se houver improcedência por falta de provas[55] [56]), o que significa que se propagam de maneira uniforme, atingindo, assim, todos os limites de espaço, de tempo e intersubjetivos que se fizerem necessários para sua efetividade.

Não se devem confundir, nesse sentido, os *efeitos* em questão com a atribuição de obrigações aos ocupantes do polo passivo ou a determinados *stakeholders* que se comprometam a um ajuste de conduta. Tais obrigações devem necessariamente ser certas, determinadas e exigíveis, à luz, inclusive, do disposto no art. 783 do Código de Processo Civil.

No que toca aos efeitos da resolução de conflitos coletivos *stricto sensu,* não serão eles *erga omnes,* mas "*ultra partes,* limitadamente ao grupo, categoria ou classe, salvo improcedência por insuficiência de provas"[57]. Mais uma vez, a disseminação dos resultados da solução do conflito tem relação lógica direta com a natureza do interesse transindividual em jogo.

Por fim, quanto aos interesses individuais homogêneos, a coisa julgada será, assim como quanto aos interesses difusos (lembremo-nos que, aqui também, há circunstâncias de fato, e não uma relação jurídica base, operando como um amálgama do direito metaindividual), "*erga omnes,* apenas no caso de

---

[55] Art. 103, inciso I do Código do Consumidor.

[56] O Projeto de Lei nº 1.641/21 (de que também trataremos no Capítulo V, *infra*), altera a regulamentação da questão em seu art. 32: "A sentença de mérito de procedência ou improcedência da demanda faz coisa julgada *erga omnes* em todo o território nacional.

§ 1º No caso de procedência da demanda a sentença faz coisa julgada *ultra partes,* para beneficiar todos os atingidos, bastando a comprovação da condição de membro do grupo e a extensão dos danos, sendo desnecessário ser filiado à associação ou ao sindicato autor, quando por estes proposta em substituição processual.

§ 2º A coisa julgada no plano coletivo também se forma quando a improcedência decorrer da insuficiência de provas e qualquer legitimado poderá repropor a ação coletiva, fundada em prova não considerada no julgamento anterior, que tenha aptidão para, isoladamente, reverter o resultado da decisão". Preferimos o sistema atual, pelas razões descritas neste item.

[57] Código de Defesa do Consumidor, art. 103, inciso II.

procedência do pedido, para beneficiar todas as vítimas e seus sucessores"[58].

Cabem algumas considerações, nesse ponto, com relação ao julgamento de improcedência por falta de provas. Aqui, o legislador estabeleceu mais um ponto de diferenciação com relação aos efeitos da coisa julgada, não apenas no que toca ao alcance espacial, temporal e intersubjetivo da solução do conflito, mas também em relação a um aspecto puramente jurídico, relacionado à possibilidade de rediscussão do mérito. Nessa hipótese, na dicção do art. 16 da Lei da Ação Civil Pública, "qualquer legitimado poderá intentar outra ação com idêntico fundamento, valendo-se de nova prova".

A inspiração para isso está, mais uma vez, na titularidade indistinta do direito, que necessariamente deve levar, por exemplo, a uma maior cautela no que diz respeito à aplicação da típica atribuição de ônus probatórios do processo civil. Isso, no entanto, desborda dos limites processuais estabelecidos pela decisão de mérito: além da possibilidade de aplicação de diferentes pesos na atribuição de tais ônus durante o processo, como meio de se trazer um certo equilíbrio para a defesa de um interesse cujo titular, muitas vezes, não terá a possibilidade de se apresentar para tutelá-lo, também se tem em consideração que, por uma insuficiência de provas constatada no momento do julgamento, mas que pode ser meramente conjuntural, determinado direito metaindividual poderá restar substancialmente desassistido. E, ao contrário do que ocorre ao se tratar de direitos individuais, tal situação, aqui, não será decorrente de desídia do próprio titular, e não resultará em consequências apenas para o demandante.

2.4. Cumprimento e execução de títulos executivos judiciais e extrajudiciais

É sabido que não há diferenças substanciais, no que diz respeito ao cumprimento de sentenças ou à execução de títulos

[58] Código de Defesa do Consumidor, art. 103, inciso III.

extrajudiciais, entre situações que digam respeito a conflitos individuais ou coletivos *lato sensu.* São situações regidas pela mesma sistemática processual civil.

Há, no entanto, é claro, particularidades.[59]

Primeiramente, observe-se que, uma vez formado o título executivo, tenha sido ele originado de processo judicial promovido por qualquer um dos colegitimados para a ação coletiva, seja ele um termo de compromisso de ajustamento de conduta, surge a possibilidade de que qualquer uma das entidades e órgãos aos quais o ordenamento jurídico atribui a legitimidade extraordinária para a tutela de direitos metaindividuais promova o cumprimento de sentença ou a execução. É evidente que, como regra, o caminho natural será que a propositura da execução ou a iniciativa para o cumprimento de sentença sejam daquele legitimado que obteve o título. Mas a possibilidade de que outros legitimados o façam, ou assumam o polo ativo da relação processual no caso de abandono, existe e é perfeitamente legítima. Aliás, essa é a conclusão que se extrai de uma interpretação teleológica do disposto no art. 15 da Lei da Ação Civil Pública[60], embora o dispositivo nem chegue à metade do caminho de regulamentar de forma clara as situações processuais que podem surgir na prática. O microssistema de tutela coletiva, no entanto, resolve com tranquilidade tais situações.

Importante mencionar, ainda, as regras próprias de cumprimento ou execução de títulos que versem sobre conflitos acerca de direitos individuais homogêneos.

---

59 O Projeto de Lei nº 1.641/21 (de que também trataremos no Capítulo V, *infra*), além de dar preferência à forma extrajudicial de cumprimento das obrigações, prevê interessante medida para o momento de execução de acordo ou sentença referente a conflitos metaindividuais, em seu art. 26, § 4º: "O acordo ou a sentença deve prever a forma de execução, preferencialmente desjudicializada, inclusive, se necessário, com a constituição de fundo ou de entidade de infraestrutura específica". A providência remete à execução dos acordos obtidos no caso do desastre ambiental de Mariana/MG (https://www.fundacaorenova.org/).

60 "Art. 15. Decorridos sessenta dias do trânsito em julgado da sentença condenatória, sem que a associação autora lhe promova a execução, deverá fazê-lo o Ministério Público, facultada igual iniciativa aos demais legitimados."

Como vimos, tais direitos possuem peculiaridades em relação às demais modalidades de interesses transindividuais, notadamente no que toca à sua divisibilidade. Esse traço característico tem consequências marcantes no momento do cumprimento ou execução do título, na medida em que o caminho natural para a recomposição do direito violado está na sua satisfação individualizada. Daí a necessidade de uma regulamentação específica, prevista no Código de Defesa do Consumidor, arts. 97 a 100.

Em primeiro posto, é de se ressaltar que há previsão expressa, dirigida não apenas aos colegitimados, no momento de formulação do pedido, mas também ao juiz natural de demandas em que se discutam litígios envolvendo direitos individuais homogêneos, no sentido de que a condenação será *genérica, fixando a responsabilidade do réu pelos danos causados,* e não apenas por prejuízos sofridos por quem quer que seja, na dicção do art. 95 do Código de Defesa do Consumidor. Não poderia ser diferente, na medida em que, como visto, até o momento de cumprimento da sentença, o bem tutelado é coletivo e tratado de maneira *uniforme.*

A *comprovação* da existência de dano individualmente sofrido, relacionado juridicamente ao interesse transindividual cuja tutela foi consagrada pelo título executivo (o que inserirá formalmente o interessado individual no conjunto de titulares do direito individual homogêneo em questão, ou seja, o *identificará* como titular do direito) e o *valor* do dano serão, então, objeto de liquidação de sentença, conforme prevê o art. 97 do Código de Defesa do Consumidor, momento em que haverá, portanto, como fica claro, a necessidade de comprovação de fatos novos[61], não discutidos ou abordados na fase de formação do título.

Existe, ultimadas liquidações ou, conforme o caso, liquidação que estabeleça o valor de indenizações individuais, a possibilidade[62] de que os próprios colegitimados atuem como

---

61 Art. 509, inciso II do Código de Processo Civil.

62 Art. 98 do Código de Defesa do Consumidor.

representantes dos interessados no cumprimento de sentença propriamente dito.

Cuida-se de mais um instrumento destinado à concretização da solução dada ao litígio, que decorre da própria legitimidade extraordinária estabelecida pelo microssistema de tutela coletiva para a propositura da demanda de conhecimento (ação civil pública ou ação coletiva) ou para a celebração do compromisso de ajustamento de conduta.

Para tanto, de qualquer modo, como fica claro, há a lógica necessidade de que o título tenha sido liquidado, tornando-se certa a inclusão daqueles interessados no universo de titulares do direito individual homogêneo e certo, também, o valor ou valores, conforme o caso, de indenizações individuais.

Caso também se contemple o valor de indenização de caráter difuso ou coletivo *stricto sensu*[63] por meio de liquidação do mesmo título (ou seja, em decorrência do mesmo *evento danoso*, na dicção do art. 99 do Código de Defesa do Consumidor), as indenizações pelos prejuízos individuais terão preferência no pagamento sobre a coletiva[64].

Como desdobramento de tal preferência, mas em atenção às possíveis dificuldades ou mesmo à falta de interesse de titulares individuais na promoção de liquidações que versem sobre seus direitos, o art. 100 do Código de Defesa do Consumidor estabelece que, "decorrido o prazo de um ano sem habilitação de interessados em número compatível com a gravidade do dano", os colegitimados poderão promover a liquidação e a execução sob o enfoque coletivo, revertendo a quantia ao fundo de reparação de interesses difusos de que trata o art. 13 da Lei da Ação Civil Pública.

---

[63] Art. 1º, inciso IV da Lei da Ação Civil Pública.

[64] "Art. 99. Em caso de concurso de créditos decorrentes de condenação prevista na Lei n.º 7.347, de 24 de julho de 1985 e de indenizações pelos prejuízos individuais resultantes do mesmo evento danoso, estas terão preferência no pagamento."

Sobre a resolução extrajudicial de conflitos que envolvam interesses individuais homogêneos e a aplicação da regra do art. 94 do Código de Defesa do Consumidor, veja-se o Capítulo III, item 2., oportunidade em que tratamos do mapeamento do conflito.

Outra particularidade relacionada ao cumprimento ou execução de títulos que envolvam conflitos transindividuais, particularmente os difusos, diz respeito à volatilidade das relações de fato e de direito a permear tais conflitos.

Diferentemente das lides que versam sobre a reparação de danos patrimoniais, aqui teremos, como característica intrínseca dos conflitos, a possibilidade sempre presente de que, em dado momento, uma determinada solução não mais se adéque plenamente ao espírito que guiou a formação do título que a prevê. Tal resultado pode advir, por exemplo, de mudanças na legislação, do aprimoramento de técnicas ou do surgimento de novos parâmetros destinados à salvaguarda de direitos fundamentais, entre outros.

Em conjunturas assim, que se fazem sentir mais fortemente em relações regidas por compromissos de ajustamento de conduta, notadamente aqueles versando sobre questões estruturais[65], mas que também se verificam em hipóteses de títulos executivos judiciais, as soluções encontradas ou determinadas podem ser vistas como uma etapa no caminho da resolução do conflito, ou então como uma garantia mínima[66] ou um norte pelo qual se guiar na pacificação das relações em questão, mas não como uma solução única ou a ser seguida estritamente e obrigatoriamente em todos os seus termos, diante da instabilidade e da complexidade intrínsecas a tais situações.

---

65 Trataremos desse tema também no Capítulo IV, item 1.1.2., *infra*.

66 Também trataremos do tema referente ao conteúdo de TACs, como garantia mínima, ao discorrermos sobre sua celebração à vista da indisponibilidade dos direitos transindividuais por parte dos legitimados para as ações civis públicas e coletivas, no Capítulo I, item 3.2.

A autocomposição, portanto, em casos assim, assume especial relevância, na medida em que o tratamento dialógico, aberto, informado e cooperativo entre as partes[67], inclusive nas dinâmicas próprias do processo executivo ou da fase de cumprimento de sentença, poderá levar os integrantes da relação processual à abertura de novas possibilidades para a satisfação dos direitos e para a solução das questões desafiadoras postas por aquela conjuntura fática.

Não se trata, aqui, de se propor uma subversão de institutos de direito processual que, por meio da atribuição de definitividade a títulos executivos, particularmente os judiciais, procuram garantir estabilidade e segurança às relações jurídicas.

Cuida-se, na verdade, de tratar tais institutos como *instrumentos* de pacificação, preservando-se seus valores e principiologia, mas utilizando-os como ferramentas a partir das quais os conflitos mais complexos podem ser, de maneira fundamentada e segura, mas sempre cooperativa e tecnicamente informada, geridos em busca de soluções efetivas[68].

3. Tutela extrajudicial dos interesses metaindividuais

3.1. Legitimidade para a tutela extrajudicial

A Lei da Ação Civil Pública, como visto, não trata apenas da tutela judicial dos interesses coletivos *lato sensu*. Seu art. 5º,

[67] Código de Processo Civil, art. 3º, § 2º e arts. 5º, 6º, 165, 357, §§ 2º e 3º, 359, 771, entre outros.

[68] Em consonância com o entendimento ora descrito, o Projeto de Lei nº 1.641/21 (de que também trataremos no Capítulo V, *infra*) dispõe, no seu art. 32, § 7º, que "O juiz, de ofício ou a requerimento das partes e observado o contraditório prévio, poderá adequar o modo de proteção do bem jurídico na fase de cumprimento ou no processo de execução, ajustando-a às peculiaridades do caso concreto e às alterações fáticas supervenientes, inclusive na hipótese de o ente público ou seu delegatário promover políticas públicas que se afigurem mais adequadas do que as determinadas na decisão, ou se esta se revelar inadequada ou ineficaz para o atendimento do direito".

§ 6º, introduzido pelo Código de Defesa do Consumidor[69], permite aos órgãos públicos legitimados (para a propositura de ação coletiva, evidentemente) "tomar dos interessados compromisso de ajustamento de sua conduta às exigências legais, mediante cominações, que terá eficácia de título executivo extrajudicial"[70].

Logo se vê, facilmente, que as associações civis, legitimadas extraordinariamente, nos termos do inciso V do mesmo artigo, para a iniciativa da tutela judicial dos direitos metaindividuais, não o são para a tutela extrajudicial. Mas não apenas elas. Aqui, nos referimos ao inciso IV do mesmo dispositivo, na medida em que sociedades de economia mista, fundações e empresas públicas também não poderão tomar compromisso de ajustamento de conduta. É nesse sentido a lição de Hugo Nigro Mazzilli:

> Para fins do art. 5º, § 6º, da Lei n. 7.347/85, estão autorizadas a tomar compromissos de ajustamento as pessoas jurídicas de direito público interno e seus órgãos, não as entidades da administração indireta ou pessoas jurídicas que tenham regime jurídico próprio das empresas privadas. Assim, não estão entre os *órgãos públicos* autorizados a tomar tais compromissos as associações civis, sociedades de economia mista, fundações ou empresas públicas. (MAZZILLI, 1996, p. 309)

Compromissos de ajustamento de conduta tomados pelos órgãos públicos legitimados para a propositura de ações coletivas são títulos executivos extrajudiciais. Têm tais documentos, portanto, a possibilidade de representar o encaminhamento, pelos

---

69 Em sua redação original, a Lei Federal nº 7.347/1985 continha apenas três parágrafos, tendo-lhe a Lei Federal nº 8.078/1990 inserido mais três.

70 Tal é reafirmado pelo Projeto de Lei nº 1.641/21 (de que também trataremos no Capítulo V infra), no § 1º do art. 38. Quanto à autocomposição sobre conflitos que versem acerca de direitos individuais homogêneos, no entanto, o § 2º dispõe que "poderá ser realizada por qualquer dos legitimados, públicos ou privados, atendidos os pressupostos de cabimento das diversas espécies de mecanismos resolutórios consensuais".

órgãos públicos em referência, da solução para o conflito metaindividual, com o estabelecimento de obrigações de fazer, não fazer, dar e pagar, que previnam o dano ao direito tutelado, ou que garantam sua reparação, dispensando-se, assim, que tais conflitos sejam levados ao Poder Judiciário para a obtenção de uma sentença, ou seja, dispensando-se o processo de conhecimento como instrumento de defesa de tais interesses.

Esse encaminhamento extrajudicial, portanto, se insere na gama de competências de tais órgãos, destacando-se historicamente, nesse sentido, o Ministério Público, que ao longo das décadas se tem utilizado do compromisso de ajustamento de conduta como alternativa às demandas judiciais, para a tutela de interesses transindividuais.

A gradativa capacitação dos integrantes de tais órgãos para que os conflitos difusos, coletivos e individuais homogêneos sejam tutelados pela via extrajudicial deve, portanto, cada vez mais, ser uma prioridade, mesmo porque o fomento e especialização para a busca de soluções negociadas vão ao claro encontro do espírito autocompositivo que permeia a legislação processual civil em vigor[71], sendo úteis, também, para a busca de soluções no âmbito da lide judicial.

3.2. Compromisso de ajustamento de conduta

O compromisso de ajustamento de conduta, tomado por termo (daí a sigla "TAC", amplamente utilizada na praxe), é, portanto, o instrumento por meio do qual os órgãos públicos legitimados para a tutela de direitos transindividuais podem, extrajudicialmente, encaminhar soluções para as situações de lesão ou ameaça de lesão a tais interesses, obtendo, assim, títulos executivos extrajudiciais.

Muito se discutiu, notadamente antes da previsão legal da possibilidade de sua celebração, a viabilidade de legitimados extraordinários transigirem acerca de direitos de que não são os

[71] Código de Processo Civil, arts. 6º e 139, inciso V, entre outros.

titulares, já que, por conta disso, haveria, em questão, aspectos de indisponibilidade.

Com relação a isso, ou seja, às restrições impostas pela indisponibilidade de direitos, fator que imporia a intervenção judicial para a solução de conflitos que a envolvam, ainda que de forma negociada, entendemos que se trata de uma falsa polêmica.

O Poder Judiciário não tem por função constitucional a tutela de direitos indisponíveis (embora, é curial, tenha de considerar eventual indisponibilidade nos casos concretos que lhe são submetidos), e, sim, dizer e aplicar o direito a conflitos surgidos na sociedade que lhe sejam levados por quaisquer que sejam as pessoas físicas ou jurídicas, ou entes, para tanto legitimados[72].

Se há na sociedade direitos de alcance imensurável, por vezes indivisíveis, de titularidade esparsa – e é certo que há –, tendo-se optado pela autorização para que sejam devidamente tutelados por conta de conflitos que os envolvam, a solução para tais conflitos, com o estabelecimento de obrigações para tanto por parte dos responsáveis, não precisaria, portanto, necessariamente, passar por análise judicial, se a lide existente a respeito puder ser superada extrajudicialmente.

A legitimidade extraordinária é, a bem da verdade, o único meio viável de se propiciar tal tutela de direitos. A questão que se coloca, portanto, ao menos em caráter preliminar, é se o ordenamento jurídico deve contemplar a possibilidade de uma tutela extrajudicial, como alternativa à judicial. Em sendo positiva a resposta, natural que os mesmos legitimados (assinalando-se que, como uma medida de cautela, o legislador brasileiro atribuiu a tutela extrajudicial apenas aos órgãos públicos legitimados) tenham a prerrogativa de se lançar à busca de encaminhamentos e soluções para tal tutela sem o ajuizamento de demandas perante o Poder Judiciário, com o estabelecimento, se o caso, de algumas cautelas ou balizamentos.

---

72 É evidente que, em se tratando de lide já posta em juízo, haverá necessidade de homologação judicial do acordo eventualmente celebrado pelas partes, o que não se altera ao tratarmos de interesses transindividuais.

Uma delas poderia ser, por exemplo, a exigência de homologação judicial do termo de acordo (para, é claro, dinâmicas autocompositivas bem-sucedidas que ainda não sejam objeto de demanda perante o Poder Judiciário), quando então, a bem da verdade, não estaríamos diante de uma tutela extrajudicial, nem da necessidade de expressa previsão legal a respeito da possibilidade de tal tutela[73].

Fez bem o legislador, portanto, ao prever que o compromisso de ajustamento de conduta será um título executivo *extrajudicial*, admitindo, assim sendo, a efetiva resolução extrajudicial de tais conflitos.

Dito isso, é importante traçar algumas considerações acerca da natureza jurídica do compromisso de ajustamento de conduta, assente que o termo respectivo será o primeiro instituto a ser lembrado como o instrumento de registro do resultado da autocomposição, em matéria de interesses metaindividuais.

O debate sobre qual seria tal natureza jurídica é marcante e intenso. Não há, no entanto, como se afastar da ideia de que o compromisso de ajustamento de conduta configura um negócio jurídico[74]. Nesse sentido, encará-lo como uma mera admissão, por parte do legitimado extraordinário, de que deixará de propor demanda civil pública ou coletiva por conta de sua celebração, ou de que se trata de um ato administrativo (unilateral), acaba por limitar seu alcance e, por consequência, a possibilidade de tutela extrajudicial de interesses metaindividuais.

---

[73] *Em sentido contrário*, prevê o art. 39 do Projeto de Lei nº 1.641/21 (de que também trataremos no Capítulo V, *infra*) que "os acordos coletivos que tenham por objeto direitos indisponíveis passíveis de autocomposição deverão ser homologados judicialmente, exigida a intervenção do Ministério Público". Trataremos adiante, no referido capítulo, da questão.

[74] Dispõe o art. 1º da Resolução CNMP 179, de 26 de julho de 2017, que "O compromisso de ajustamento de conduta é instrumento de garantia dos direitos e interesses difusos e coletivos, individuais homogêneos e outros direitos de cuja defesa está incumbido o Ministério Público, *com natureza de negócio jurídico* que tem por finalidade a adequação da conduta às exigências legais e constitucionais, com eficácia de título executivo extrajudicial a partir da celebração" (destacamos).

E, deve-se acrescentar, à medida que se admitir que questões mais complexas, por vezes estruturais, sejam submetidas a esse processo dialógico e cooperativo, deveremos encarar o compromisso de ajustamento de conduta (assim como, *mutatis mutandis,* também serão os acordos judiciais celebrados em casos complexos ou estruturais já submetidos ao Poder Judiciário) como negócios jurídicos *multi*, ou *plurilaterais.*

Mais tormentosa, de qualquer forma, é a questão de fundo, ou seja, da *possibilidade* de transação quanto a direitos de que o celebrante representante adequado não é o titular[75].

O processo de construção dialógica e cooperativa de soluções para problemas complexos é algo desejado e incentivado pelo ordenamento jurídico, como um meio para a obtenção de caminhos e soluções para tais problemas que, principalmente em momentos iniciais de análise de conjunturas conflituosas transindividuais, não pode, nem deve, ser limitado por restrições generalizantes e meramente instrumentais e que, na sua rígida formulação, na prática, acabam por ser vazias em termos de conteúdo.

Assim, deve-se avançar e se permitir, na análise e na discussão autocompositiva de conflitos metaindividuais, a abertura de janelas para o surgimento de opções e caminhos antes não imaginados, que poderão contemplar a resolução de tais conflitos e o surgimento de ganhos sociais. O que se quer dizer é que o órgão público legitimado, enquanto negociador, não se deverá limitar, de maneira intransigente, sem prejuízo da preservação das responsabilidades funcionais e profissionais de seus representantes, ao abordar o conflito com os demais *stakeholders,* pelos pedidos que faria ao Estado-juiz em uma eventual ação civil pública ou demanda coletiva.

Assim, deve-se observar que, de um momento inicial, quando do surgimento do instituto em questão, em que a possibilidade de certa flexibilização e admissibilidade de transação sobre a

[75] Voltaremos ao tema no Capítulo III, item 2., *infra.*

matéria conflituosa eram vistas como inadmissíveis, passa-se a encarar como possível a negociação acerca de prazos para cumprimento de obrigações e modos de cumprimento e, a seguir, a se admitir a viabilidade de que o conteúdo do ajuste ultrapasse, ou mesmo implique no abandono, ainda que parcial, de uma visão inicial mais rígida adotada pelo órgão legitimado[76].

Nesse sentido, enfatizam Humberto Dalla Bernardina de Pinho e Marcelo Mazzola:

> Assim sendo, entendemos que atualmente é prejudicial a manutenção do dogma onipotente sobre a indisponibilidade absoluta do direito material coletivo, afastando um mínimo de margem negocial necessário para a efetivação da avença. A superação dessa linha de pensamento, então, parece imprescindível para serem atendidos os anseios por um sistema coletivo adequado.
>
> (...)
>
> Nesse contexto, vem ganhando espaço a tese doutrinária que visualiza, em um juízo de ponderação, a partir do caso concreto, a possibilidade de as partes realizarem concessões recíprocas para chegar à transação. (PINHO; MAZZOLA, 2019, p. 187)

É evidente que todo e qualquer método de abordagem de um determinado tema, não sendo o único existente, apresenta vantagens e desvantagens quando comparado aos demais. A submissão de lides coletivas *lato sensu,* pelos colegitimados, ao Poder Judiciário – afora, como é evidente, ser o caminho natural nas hipóteses, nada incomuns, em que não renderem frutos a negociação ou a tentativa de encaminhamento consensual para a lesão ou ameaça de lesão a determinado interesse transindividual – representa uma valorização da função jurisdicional do Estado e traz o Estado-juiz para a discussão de temas relevantes e

[76] Também nos referiremos a esse assunto adiante, no Capítulo III, item 2., ao tratarmos da aplicação e de propostas de adaptação de ferramentas e técnicas autocompositivas para a resolução de conflitos coletivos *lato sensu.*

de amplo alcance social. Há, ainda, tradicionalmente, um senso de segurança para as partes e a capacidade de imposição, pelo juiz, de suas decisões (a propósito, sobre tutela de urgência, já tratamos no item 2.2., *supra*).

O encaminhamento autocompositivo, de outro lado, abre o panorama de discussão do conflito e de suas variáveis, permitindo um ambiente de discussão mais criativo e envolto em menos regras procedimentais. É certo, ademais, que a busca, pelas próprias partes, de soluções para a questão, propicia um contínuo amadurecimento e um aprendizado que se autoalimentam no meio social, e que, a médio e longo prazos, podem significar ganhos na atuação profissional, social e comunitária dos interessados, resultando, portanto, em linhas mais amplas e gerais, na possibilidade de saltos de qualidade no exercício da cidadania.

CAPÍTULO II

NEGOCIAÇÃO E MEDIAÇÃO

1. Autocomposição

1.1. Noções gerais

A solução, ou o encaminhamento, de conflitos de interesses em geral pode passar por diversos caminhos juridicamente válidos. De início, vem à mente a clássica resolução de controvérsias por meio da intervenção de uma corte ou tribunal.

O Poder Judiciário, uma vez provocado por um dos interessados, analisa a questão colocada e aplica o Direito ao caso concreto, somando-se às partes, com o que se forma uma relação triangular voltada especificamente ao encaminhamento do conflito. Trata-se de uma atividade de evidente interesse público e social, diante da necessidade de que as relações sejam pacificadas, ou ao menos estabilizadas, trazendo-se, assim, à teia de vivências, conexões e vínculos que permeiam a sociedade, alguma segurança jurídica.

É preciso ter em mente, no entanto, que essa solução se aplica para as hipóteses em que o encaminhamento do conflito rumo a uma solução não é propiciado pelas próprias partes. Em nome da necessidade de estabilização das relações, então, lança-se mão de uma estrutura estatal voltada a se substituir aos interessados, impondo a eles a resolução da controvérsia[77].

[77] "Por outro lado, no processo de julgamento, vemos a imagem de uma terceira figura, talvez elevada fisicamente, acima do nível das partes. Estas últimas se

A isso podemos chamar *heterocomposição*[78], ou adjudicação.

Denomina-se, de outro lado, *autocomposição* a dinâmica por meio da qual as próprias partes no conflito, ainda que com apoio de terceiros, encontram e adotam, elas mesmas, o encaminhamento e a solução para a controvérsia existente entre elas.

O termo autocomposição é uma expressão legal. Dele se utilizou o legislador ao prever, no art. 139, inciso V do Código de Processo Civil, que é incumbência do juiz promover tentativa de encaminhamento consensual, pelas partes, ao conflito sob sua análise. Outro exemplo é o art. 165, em que a expressão aparece em meio à determinação de que os tribunais criem "centros judiciários de solução consensual de conflitos".

1.2. Métodos adequados de solução de conflitos

As práticas autocompositivas, ao longo de sua aplicação, sistematização e estudo enquanto fenômeno social e jurídico, cristalizaram-se em métodos, que comumente são chamados de métodos adequados, ou alternativos, de solução de conflitos (MASCs[79]), ou meios alternativos de pacificação de conflitos, entre outras denominações. Dentre eles, têm merecido especial destaque a negociação, a conciliação, a mediação e a arbitragem[80],

---

dirigem ao juiz, e é com essa figura julgadora que se comunicam, fornecendo informações e apresentando argumentos fundamentados. Cada parte o faz na esperança de que, no final desse processo, o julgador decida a seu favor" (ROBERTS; PALMER, 2020, pos. 4026, tradução nossa).

78 "Tradicionalmente, as formas de solução de conflitos são divididas em métodos autocompositivos e métodos heterocompositivos, com características, âmbitos de atuação, como já visto (exemplo da arbitragem para os métodos heterocompositivos e da mediação para os métodos autocompositivos), e resultados diversos do ponto de vista da técnica processual, mas não necessariamente do ponto de vista da efetividade do processo como forma de solução de controvérsias" (GUERRERO, 2015, p. 16).

79 Em língua inglesa, "Alternative Dispute Resolution" (ADR).

80 A arbitragem, embora seja um método adequado ou alternativo de solução de conflitos, não é, no entanto, como se verá adiante, um método autocompositivo.

além das práticas restaurativas e das constelações familiares, entre outros[81].

É importante mencionar, desde logo, que a escolha do método autocompositivo (e, dentro de cada método, de técnicas, escolas ou metodologias específicas) depende, muitas vezes, do tipo de conflito, do tipo de relação entre as partes (por exemplo, relações meramente práticas e comerciais, relações familiares e de longo prazo etc.) e de outras variáveis que, particularmente, como veremos mais à frente, em se tratando de conflitos difusos e coletivos, em razão da complexidade[82] de que se revestem, deverão ser sempre consideradas e estudadas com o devido cuidado.

Trataremos adiante, brevemente e em linhas básicas, da conciliação, da arbitragem e das práticas restaurativas. Em itens específicos, discorreremos de maneira um pouco mais detalhada sobre a negociação e a mediação.

O termo *conciliação* é um tanto ambíguo. Pode ser utilizado tanto para significar o *resultado* de uma autocomposição bem-sucedida, como também o processo em meio ao qual um terceiro, ou seja, o conciliador, intervém na discussão do conflito, participando de forma mais ativa ao propor possíveis soluções.

---

81 O Projeto de Lei nº 1.641/21 (de que também trataremos no Capítulo V, *infra*) prevê, em seu art. 38, que "os conflitos envolvendo direitos difusos, coletivos e individuais homogêneos poderão ser objeto de autocomposição parcial ou total, definitiva ou temporária, judicial ou extrajudicial, por meio de todo e qualquer mecanismo adequado de solução consensual que viabilize acordos coletivos, tais como a conciliação, a mediação, a negociação, o compromisso de ajustamento de conduta e quaisquer outros meios consensuais adequados, dependendo das peculiaridades de cada tipo de conflito".

82 "A complexidade dos conflitos ambientais pode tornar a aplicação das técnicas (...) desafiadora. Essas complexidades podem incluir vários ambientes para tomada de decisão, conflitos interorganizacionais em oposição a conflitos interpessoais, várias partes, várias questões, complexidade técnica e incerteza científica, desigualdade de poder e recursos e arenas públicas e políticas para a resolução de problemas. Um desafio adicional é a responsabilidade do mediador, não apenas para com todas as partes na mesa, mas também para aqueles que não estão presentes, mas podem ser afetados pelo resultado ou pelo precedente definido" (AMSLER *et al.*, 2020, pos. 6864, tradução nossa).

A figura do conciliador, de outro lado, da mesma forma, se adéqua a situações diversas. O juiz, que, adiante, caso não haja sucesso no encaminhamento consensual, decidirá a causa (o que jamais acontecerá, por exemplo, com o mediador), impondo a ela uma solução, pode – e deve – tentar conciliar as partes, atuando, ele próprio, como é comum na praxe forense, como conciliador, sem prejuízo da utilização de conciliadores auxiliares (Código de Processo Civil, art. 139, inciso V). Trata-se, enfim, de uma forma mais livre de tentativa de encaminhamento de solução consensual, que pode ser utilizada em casos menos complexos ou em que a deterioração do diálogo não seja profunda, não se exigindo, assim, um trabalho específico de recomposição de comunicação entre as partes[83].

A arbitragem[84], por sua vez, é um dos métodos alternativos mais interessantes e profícuos de solução de conflitos. É importante ressaltar, desde logo, que *não se trata de um método autocompositivo,* pois o árbitro, ao lado do juiz[85], é um agente que,

83 Em um interessante apanhado doutrinário sobre as diferenças entre conciliação e mediação, Fernanda Tartuce (2021, p. 192) menciona a maior autonomia que se atribui, ao menos em teoria, ao conciliador para a formulação de propostas, bem como a questão do aprofundamento, mais comum na mediação, das questões que levaram ao rompimento e à deterioração do diálogo. Menciona, ainda, que a conciliação no Brasil se aproxima da chamada "mediação avaliativa", praticada nos Estados Unidos, em que o terceiro imparcial participa de maneira mais ativa da busca e sugestão de soluções para a controvérsia, ao invés de priorizar a facilitação do diálogo (vertente "facilitativa"). S. Roberts e M. Palmer (2020, pos. 4958) também apontam: "Variam muito o escopo planejado e a ambição das intervenções dos mediadores. Assim, a mediação pode variar de uma intervenção mínima que objetiva a não fazer mais do que estabelecer ou melhorar a qualidade das comunicações entre as partes – passando mensagens entre as partes; facilitando a troca de informações – para uma intervenção ativa e direta, abrangendo o fornecimento de avaliação e aconselhamento especializado" (tradução nossa).

84 "A arbitragem é uma técnica para a solução de controvérsias através da intervenção de uma ou mais pessoas que recebem seus poderes de uma convenção privada, decidindo com base nesta convenção sem intervenção do Estado, sendo a decisão destinada a assumir eficácia de sentença judicial" (CARMONA, 2009, p. 15).

85 A sentença arbitral é um título executivo *judicial* (Código de Processo Civil, art. 515, inciso VII).

por definição, *decidirá o conflito a ele submetido,* afastando-se a jurisdição estatal por livre convenção entre as partes. Está regulada por lei específica (Lei Federal nº 9.307, de 23 de setembro de 1996), representando, atualmente, um instrumento legal imprescindível de pacificação e resolução de controvérsias, particularmente nas esferas contratual, empresarial e internacional.

Por expressa disposição legal, cuida-se de um método que apenas pode ser utilizado "para dirimir litígios relativos a direitos patrimoniais disponíveis"[86], o que, ao menos em princípio, impediria sua aplicação para a resolução de conflitos difusos, mas não necessariamente de conflitos coletivos ou individuais homogêneos[87].

A escolha das partes pela arbitragem deverá ser feita por meio de convenção de arbitragem, que poderá ser de dois tipos: cláusula compromissória ou compromisso arbitral. No primeiro caso, ainda não há conflito, na medida em que "as partes em um contrato comprometem-se a submeter à arbitragem os litígios que possam vir a surgir, relativamente a tal contrato" (Lei de Arbitragem, art. 4º, *caput*). É a modalidade mais comum na prática. O compromisso arbitral[88] pressupõe o conflito já instaurado, sendo, por isso mesmo, mais difícil de se verificar *in concreto.*

86 Art. 1º, *caput* da Lei de Arbitragem.

87 É pioneira a regulamentação de requisitos de contratos sociais estabelecida pela Bolsa de Valores Brasileira ("B3") para a colocação de ações no mercado de capitais, exigindo-se que, por disposição nos estatutos sociais, para companhias com perfis desde o chamado Nível 2 até o chamado Novo Mercado, a arbitragem, por meio cláusula compromissória de adesão à Câmara do Mercado, seja o método de solução de conflitos entre a "companhia, seus acionistas, administradores, membros do conselho fiscal, efetivos e suplentes", relacionados ou advindos "da sua condição de emissor, acionistas, administradores e membros do conselho fiscal, e em especial, decorrentes das disposições contidas na Lei nº 6.385/76, na Lei nº 6.404/76, no estatuto social da companhia, nas normas editadas pelo CMN, pelo BCB e pela CVM, bem como nas demais normas aplicáveis ao funcionamento do mercado de valores mobiliários em geral (...)" (art. 39 do Regulamento do Novo Mercado). Portanto, no universo dos ambientes de oferta pública de ações, a resolução de conflitos coletivos e individuais homogêneos deverá ocorrer por meio de arbitragem.

88 "O compromisso arbitral é a convenção através da qual as partes submetem um litígio à arbitragem de uma ou mais pessoas, podendo ser judicial ou extrajudicial" (Lei de Arbitragem, art. 9º).

A arbitragem pode ser institucional, hipótese em que as partes convencionam que ela será administrada por uma instituição ou câmara, de acordo com o regulamento respectivo. Poderá também ser *ad hoc,* situação em que as partes convencionam como será o procedimento, escolha do árbitro etc.

Como dito, a arbitragem, por livre convenção das partes, afasta do litígio a possibilidade de decisão pelo Poder Judiciário[89] [90], sendo, portanto, por excelência, um método alternativo ou adequado de solução de conflitos, cujo emprego tem aumentado sobremaneira na prática, sendo uma das razões para tanto a possibilidade de se submeter controvérsias tecnicamente complexas a especialistas. Com isso, se vislumbra, *de lege ferenda,* a possibilidade de que se venham a discutir formas para sua futura utilização também para a resolução de conflitos difusos.

As *práticas restaurativas*, por sua vez, têm sido amplamente utilizadas na praxe forense, inclusive pelo próprio Poder Judiciário.

Cuida-se de um método de abordagem de conflitos que procura enfocar as necessidades das vítimas, surgido como alternativa à mera aplicação da justiça penal tradicional e hoje amplamente utilizado também na justiça da infância e juventude[91].

Os princípios básicos dessa poderosa e interessante metodologia – sendo certo que, aqui, nestas poucas linhas, não poderemos fazer justiça a toda a riqueza que ela representa – estão

---

89 No célebre acórdão proferido no agravo regimental em homologação de sentença estrangeira 5.206-7 – Reino da Espanha (relator Ministro Sepúlveda Pertence), o Supremo Tribunal Federal decidiu, no ano de 2001, pela ausência de violação ao disposto no art. 5º, inciso XXXV da Constituição Federal pela Lei de Arbitragem.

90 Ressalva-se a possibilidade de anulação da sentença arbitral por decisão judicial (art. 33 da Lei de Arbitragem). O mérito, no entanto, não será decidido pelo Poder Judiciário, ainda que a sentença arbitral seja anulada. Haverá necessidade de nova decisão de mérito arbitral (§ 2º).

91 O país pioneiro na utilização da técnica nessa área foi a Nova Zelândia, que implementou programa de utilização das práticas restaurativas como eixo central da justiça penal de infância e juventude, a partir do final da década de 1980. Interessante observar que, conforme o forte panorama de preservação da tradição Maori existente no país, também o emprego da justiça restaurativa encontrou inspiração nessa cultura ancestral.

em se considerar que o crime, e o ato ilícito, de uma maneira mais global, representam uma violação que atinge todo o tecido social, cujas consequências precisam ser reparadas, com enfoque nas necessidades das vítimas, do próprio ofensor enquanto tal, bem como da comunidade.

Assim, apenas com a reparação do trauma causado pela prática da infração, com assunção de obrigações nesse sentido e voltando-se o olhar para tais necessidades, será possível caminhar em frente.

O paradigma a ser substituído por um ambiente cooperativo, aberto e consensual é o da justiça impessoal e técnica (cujo objetivo é impor uma punição estatal ao responsável pela ofensa). Nas práticas restaurativas, o interesse central não é punição, mas a reparação dos danos (não necessariamente de forma patrimonial, mas mediante uma restauração ou construção de um ambiente pacífico e benigno), segundo as necessidades dos prejudicados e de acordo com seus pontos de vista acerca do ocorrido, com a participação do ofensor e da comunidade[92], sem prejuízo da atuação dos órgãos oficiais.

---

92 A aplicação do método está regulamentada, no âmbito do Poder Judiciário brasileiro, pela Resolução nº 225/2016 do CNJ, cujo art. 1º estabelece:

"Art. 1º. A Justiça Restaurativa constitui-se como um conjunto ordenado e sistêmico de princípios, métodos, técnicas e atividades próprias, que visa à conscientização sobre os fatores relacionais, institucionais e sociais motivadores de conflitos e violência, e por meio do qual os conflitos que geram dano, concreto ou abstrato, são solucionados de modo estruturado na seguinte forma:

I – é necessária a participação do ofensor, e, quando houver, da vítima, bem como, das suas famílias e dos demais envolvidos no fato danoso, com a presença dos representantes da comunidade direta ou indiretamente atingida pelo fato e de um ou mais facilitadores restaurativos;

II – as práticas restaurativas serão coordenadas por facilitadores restaurativos capacitados em técnicas autocompositivas e consensuais de solução de conflitos próprias da Justiça Restaurativa, podendo ser servidor do tribunal, agente público, voluntário ou indicado por entidades parceiras;

III – as práticas restaurativas terão como foco a satisfação das necessidades de todos os envolvidos, a responsabilização ativa daqueles que contribuíram direta ou indiretamente para a ocorrência do fato danoso e o empoderamento da comunidade, destacando a necessidade da reparação do dano e da recomposição do tecido social rompido pelo conflito e as suas implicações para o futuro".

A aplicação das práticas restaurativas a conflitos metaindividuais (mesmo porque danos ou ameaças de danos a bens difusos, por exemplo, podem decorrer de prática de crimes) não deve ser, portanto, descartada.

Pode-se conceber, sem se socorrer de muita imaginação, a possibilidade da utilização desse método, inclusive de forma conjunta com outros[93], para a gestão de conflitos decorrentes de desastres socioambientais, por exemplo.

2. Negociação

Negociar é uma atividade intrínseca à existência humana. É certo que negociamos diuturnamente, inclusive com nós mesmos. Cuida-se de uma das ferramentas de que nos utilizamos para caminhar adiante, em todos os aspectos e áreas de atuação. Não é à toa que, etimologicamente, a origem do termo está na junção das expressões latinas *nec* (que traz um sentido de negação) e *otium* (lazer, descanso, desocupação).

Na definição de Michael Palmer e Simon Roberts:

> (...) a negociação, como um modo de tomada de decisões, abrange a interação do dia a dia e os intercâmbios mais complexos e desgastantes encontrados no contexto de desacordo e disputa.
>
> As características da negociação são reveladas mais claramente em trocas bilaterais simples, nas quais a informação flui em ambas as direções, o entendimento é alcançado e um resultado é obtido. (PALMER; ROBERTS, 2020, pos. 3981, tradução nossa)

Num ponto de vista mais técnico e restrito, podemos conceituá-la como o método adequado de solução de conflitos em que as próprias partes interessadas, sem o apoio de terceiros, por meio da construção de um ambiente de diálogo e cooperação,

[93] Trataremos da construção de sistemas de disputas e gestão de conflitos adiante, no Capitulo IV, item 1.3.

obtêm um encaminhamento ou uma solução para o conflito existente entre elas.

Assim, a *negociação*, pela ausência de terceiros envolvidos na interação dialógica entre as partes rumo ao consenso, consiste na ferramenta que, de maneira mais direta e natural, é utilizada há décadas pelo Ministério Público e outros entes estatais e públicos, nos termos da Lei Federal nº 7.347/1985, art. 5º, § 6º, para a obtenção, por parte de pessoas físicas e jurídicas, de direito público e privado, organizações etc. investigados por lesões a interesses transindividuais, de compromissos de ajustamento de conduta, corporificados nos chamados TACs (termos de compromisso de ajustamento de conduta[94]).

Muito embora o ser humano, como animal político, na clássica expressão aristotélica[95], esteja habituado a fazer negociações diuturnamente, em todos os seus âmbitos de vivência, do que decorre que, também no campo profissional, tal prática é absolutamente usual para toda e qualquer pessoa, é evidente que, particularmente na esfera da atuação jurídica, em que os conflitos de interesse ou sua prevenção são a matéria-prima sobre a qual se debruçam os diversos operadores nela atuantes, essa atividade tem especial relevância.

Assim é que os esforços para sistematização e organização de técnicas e ferramentas propícias para tornar negociações mais organizadas e conscientes e, como resultado, mais produtivas, geraram escolas e métodos cuja possibilidade de aproveitamento no âmbito dos interesses difusos e coletivos, mediante adaptações, quando o caso, deve ser estudada e estimulada.

Pela sua relevância e abrangência, mencionamos aqui a famosa *Escola de Harvard*, concebida e sistematizada por William Ury e Roger Fisher.

---

94 Ver Capítulo I, item 3.2., *supra*.

95 "Aristóteles define o ser humano como 'animal político por natureza', feito para viver na *polis*, e isso é sinalizado pelo fato de que todos os seres humanos possuem a palavra (*logos*), e isso permite discutir o que é útil e prejudicial, o justo e o injusto" (BERTI, 2015, p. 125).

É de responsabilidade desses autores a enumeração de princípios valiosos, com o objetivo de nortear as negociações em geral, desde o momento em que se enfocam os diferentes aspectos e variáveis do conflito até o momento da interação entre as partes visando a construção de caminhos e soluções consensuais (pode-se dividir a negociação em sete etapas, ou fases: preparação, construção de relacionamento, reunião de informações, utilização de informações[96], propostas e contrapropostas – discussão sobre distribuição de valores, fechamento do acordo e implementação do acordo [LEWICKI; SAUNDERS; BARRY, 2020, p. 118]).

De se destacar, assim, a diretriz que preconiza a identificação de *interesses* e *posições* das partes (o que diz respeito, resumidamente, ao que efetivamente pretendem em contraposição àquilo que verbalizam como tal), como ferramenta apta a propiciar um conhecimento mais aprofundado das razões pelas quais o conflito realmente se instaurou, abrindo-se, assim, evidentemente, as portas para uma solução.

Também o princípio segundo o qual se deve *separar as pessoas dos problemas*, de forma a se enfocar o conflito da forma o mais objetiva possível, desarmando-se a controvérsia de aspectos mais apaixonados, ideológicos e de eventuais intransigências estéreis.

Com isso, inaugura-se a era da negociação integrativa, em que as partes cooperam para alcançar os máximos benefícios, de modo a integrar seus interesses a um acordo que cria ou obtém valores, vislumbrando *opções* de acordo que superam a ideia de negociação meramente distributiva, em que os interessados competem pela distribuição de um valor fixo, disputando entre si qual delas irá conseguir o maior benefício. Alcança-se, assim, no ambiente da construção do consenso, a ideia do "jogo

96 Como ponto crucial do momento de utilização de informações, após uma fase bem-sucedida de construção de relacionamento, ao falarmos em negociação integrativa, temos a criação de opções e valor, sobre o que discorreremos adiante.

de soma não-zero", consagrado na teoria dos jogos (situação apelidada comumente como "ganha-ganha").

Outros conceitos, como o de *melhor alternativa sem acordo* (MASA), *zona de possível acordo* (ZOPA) e *ponto de recuo*[97], sedimentados como técnicas preciosas de negociação, podem ser perfeitamente adaptados para a realidade normativa e a prática jurídica brasileiras no trato de conflitos difusos e coletivos. Disso trataremos mais adiante, no Capítulo III, item 2.

3. Mediação

Enquanto a *conciliação* pode ser entendida como o possível *resultado* de uma negociação ou mediação bem sucedida, ou, em outra acepção, como o processo por meio do qual um terceiro conciliador, figura ausente na negociação, intervém de forma ativa na relação entre as partes, propondo soluções e fornecendo opiniões a respeito[98], a *mediação*, por sua vez, é o método de solução de conflitos por meio do qual alguém diferente das partes intervém na discussão do encaminhamento do conflito existente entre elas, no intuito de facilitar e fomentar o diálogo, ou auxiliá-las a recompô-lo.

É um método autocompositivo por excelência, na medida em que, embora se caracterize pela presença de um terceiro, não há imposição de uma solução para o conflito. Os encaminhamentos e soluções são construídos *pelas partes*, com o acompanhamento e o estímulo propiciados pela intervenção qualificada do mediador.

Assim, na visão de Joseph B. Stulberg & Lela P. Love:

> A mediação é um processo no qual um interveniente neutro ajuda pessoas numa disputa a aprimorarem seus entendimentos sobre a situação em que se encontram e

---

[97] *Best Alternative to a Negotiated Agreement (BATNA), Zone of Possible Agreement (ZOPA), Reservation Value/Price* ou *Walk Away Point.*

[98] Um exemplo típico, como já referido *supra*, é a atuação de magistrados, em processos judiciais, em busca da obtenção da conciliação entre as partes.

> um sobre o outro e, então, a desenvolverem soluções que sejam aceitáveis para elas. (STULBERG; LOVE, 2013, pos. 280, tradução nossa)

Cuida-se de uma atividade regulamentada pelo ordenamento jurídico brasileiro, que consagra regras próprias e contempla os princípios que a regem segundo uma construção prática e teórica há muito sedimentada. Os princípios regentes da mediação estão previstos na Lei Federal nº 13.140/2015[99], art. 2º, e no Código de Processo Civil, art. 166.

Lei nº 13.140/2015, art. 2º	**Código de Processo Civil, art. 166**
imparcialidade do mediador	imparcialidade
isonomia entre as partes	independência
oralidade	oralidade
informalidade	informalidade
autonomia da vontade das partes	autonomia da vontade
busca do consenso	decisão informada
confidencialidade	confidencialidade
boa-fé	

Cuida-se, além disso, de uma atividade marcada pela *aplicação de técnicas* pelo mediador, à medida que o diálogo se desenvolve e se incrementa, com maior ou menor colaboração das partes, em busca, justamente, dos objetivos já descritos. Representa, portanto, um processo dinâmico, caracterizado por constantes avaliações e correções de rumos, o que deve ser garantido pela presença e pela intervenção qualificadas do mediador.

[99] "Dispõe sobre a mediação entre particulares como meio de solução de controvérsias e sobre a autocomposição de conflitos no âmbito da administração pública."

Por essa razão, trata-se de uma tarefa especializada, cujo desempenho depende de *capacitação* e do preenchimento de requisitos, conforme previsto pelo Código de Processo Civil (artigo 167, § 1º) e pela Resolução nº 125/2010, do Conselho Nacional de Justiça.

Dentre as técnicas típicas do processo de mediação, compartilhadas, muitas vezes, *mutatis mutandis,* com o método da negociação, podem-se mencionar, a título de exemplo, o *rapport,* a escuta ativa, a inversão de papéis, o reforço positivo, o mapeamento do conflito, o *caucus*, entre inúmeras outras[100].

Deve-se destacar, ainda, que a mediação pode se desenvolver segundo modalidades diversas, e que, consoante os contornos do conflito, podem ser entendidas como mais adequadas para a obtenção de resultados satisfatórios. Mencionam-se, assim, a chamada "Escola de Mediação de Harvard", ou satisfativa, marcada pela aplicação, no ambiente da mediação, das técnicas e princípios consagrados pelo já mencionado Projeto de Negociação de Harvard, bem como a chamada "Mediação Transformativa", que enfoca na transformação das partes e em seu empoderamento, para seguirem com responsabilidade quanto a suas opções futuras. Jogam-se luzes, assim, sobre a relação entre as partes e as causas do conflito, distribuindo-se o foco antes destinado predominantemente a aspectos mais objetivos da controvérsia.

[100] Trataremos do assunto, ainda, no Capítulo III, item 1.

CAPÍTULO III

MÉTODOS AUTOCOMPOSITIVOS E CONFLITOS METAINDIVIDUAIS

Sumário: **1**. Ferramentas e técnicas de negociação e mediação – **2**. Aplicação das ferramentas e técnicas autocompositivas a conflitos coletivos *lato sensu;* adaptações e adequações – **3**. Mediação: confidencialidade e conflitos metaindividuais

1. Ferramentas e técnicas de negociação e mediação

A negociação, na definição de P. H. Gulliver:

> (...) é um processo que leva à tomada de decisão conjunta pelas próprias partes em disputa, como desfecho de um processo interativo de troca de informações e aprendizagem. (GULLIVER *apud* ROBERTS; PALMER, 2020, pos. 4026, tradução nossa)

Não é qualquer interação, portanto, que levará, naturalmente, a um desfecho bem-sucedido, ou seja, a uma interação *produtiva* entre as partes do conflito. Há necessidade de que se crie, ainda que de forma empírica e quase involuntária, entre elas, um determinado ambiente, ou uma atmosfera cooperativa[101].

Se a criação de tal ambiente como resultado de um esforço prático ou da empatia surgida naturalmente não é impossível ou mesmo totalmente incomum na prática, é evidente que poderá,

[101] No dizer de Deepak Malhotra (2017, p. 18), "Achar que o público deles é 'problema deles' ignora um princípio fundamental das negociações mais difíceis: não existe isso de problema *deles;* o que parece ser um problema dos outros, se não for resolvido, acaba virando problema *seu*".

com o emprego consciente de determinadas técnicas ou com certa boa-vontade, ser obtido com maior frequência, o que tornará as negociações em geral mais profícuas.

Tal atmosfera cooperativa deve ser resultado, é claro, primordialmente, da comunicação e do diálogo. Mas não é sempre que uma comunicação deteriorada ou interrompida se reconstruirá tão facilmente. Para isso, muitas vezes, são necessários prospecção, esforço, uma visão mais ampla e abrangente sobre o conflito e suas causas, generosidade e paciência.

Há, como dito, métodos e técnicas para que tal resultado possa ser alcançado de forma mais consciente e planejada.

O já tradicional Projeto de Negociação de Harvard, concebido e sistematizado por Roger Fisher, William Ury e Bruce Patton, procura justamente levar em conta tais fatores, para transformar as negociações em processos de geração de valores (negociação integrativa), e não de mera repartição (negociação distributiva).

Tais autores (FISHER; URY; PATTON, 2018) discorrem sobre os processos de negociação, as visões e os encaminhamentos possíveis para eles e a busca de soluções sob um prisma de prospecção dos meandros, dos detalhes, das posturas de cada interessado, de forma a se propiciar o surgimento de soluções inteligentes e enriquecedoras.

Cuida-se, em suma, da negociação baseada em princípios.

Tais princípios podem ser resumidos em quatro tópicos principais (FISHER; URY; PATTON, 2018, p. 31): *separar as pessoas dos problemas, concentrar-se nos interesses e não nas posições, criar opções, privilegiar critérios objetivos*[102].

Separar as pessoas do problema significa que o que deve ser enfocado e "atacado" é o problema, e não um ou outro dos envolvidos na questão. Pessoas se envolvem, muitas vezes até em nível emocional, com os conflitos de que fazem parte. Há questões de personalidade, de pontos de vista diversos e de ego, entre outras, que acabam turvando as interpretações que

[102] Sobre as etapas ou fases da negociação, tratamos brevemente no Capítulo II, item 2., *supra*.

elas têm sobre a controvérsia, sobre as falas e as posições dos outros, e sobre as possíveis soluções que possam ser dadas à disputa:

> (...) as pessoas se sentem irritadas, deprimidas, temerosas, hostis, frustradas e ofendidas. Têm um ego facilmente ameaçável. Veem o mundo a partir do próprio ponto de vista e frequentemente confundem suas percepções com a realidade. Muitas vezes não interpretam o que você disse da maneira como você pretendia que entendessem e também não quiseram dizer aquilo que você interpretou da fala deles. O mal-entendido pode reforçar os preconceitos e levar a ações que produzem reações, num círculo vicioso; a exploração racional de possíveis soluções torna-se impossível e a negociação acaba falhando. O objetivo do jogo passa a ser marcar pontos, confirmar impressões negativas e fazer acusações, e os interesses essenciais de ambas as partes ficam de lado. (FISHER; URY; PATTON, 2018, p. 41)

É preciso enfatizar que a negociação não é um ato, mas um processo[103], no curso do qual as partes interessadas, gradativamente, passam a conhecer e a se aprofundar nas questões controvertidas que as levaram até ali, assim como a conhecer umas às outras. Esse aprofundamento se dá por meio do diálogo e da comunicação. É evidente, portanto, que uma maior objetividade sobre o que se pretende – e sobre as próprias posições, visões e eventuais preconceitos – e um enfoque o mais objetivo e sereno sobre as pretensões e comportamentos alheios permitem que tal processo ocorra de forma mais fluida.

[103] "Na verdade, até o final do processo de negociação, as partes provavelmente refinarão e ajustarão suas preferências. À medida que avançam em tal processo e adquirem e absorvem novas informações, elas passam a aprender mais sobre a posição substantiva uma da outra, como veem a situação de negociação e também sobre as questões em disputa" (ROBERTS; PALMER, 2020, pos. 4064, tradução nossa).

Uma ferramenta bastante útil para tanto é a *comunicação não violenta,* técnica criada pelo psicólogo norte-americano Marshall B. Rosenberg, para quem o ser humano possui um estado compassivo natural que, no entanto, muitas vezes, é prejudicado justamente por barreiras e ruídos que prejudicam a comunicação com outros indivíduos.

Rosenberg identificou formas de linguagem e comunicação (por exemplo, julgamentos, negação de responsabilidade etc.) que, para ele, contribuiriam para o nosso comportamento violento em relação aos outros e a nós mesmos, passando a designá-las de "comunicação alienante da vida".

Partindo desse pressuposto, propõe a comunicação não violenta, partindo, inicialmente (primeiro componente), da ideia de separar *observação* de *avaliação,* já que "ao combinarmos a observação com a avaliação, diminuímos a probabilidade de que os outros ouçam a mensagem que lhes desejamos transmitir" (ROSENBERG, 2006). Esse é o primeiro componente da comunicação não violenta.

O segundo elemento consiste em, ao nos comunicarmos, expressarmos como nos sentimos. Isso porque, em regra, somos preparados para não tornarmos claros nossas emoções e nossos sentimentos. Como resultado, favorecemos interpretações incorretas ou mesmo a impossibilidade de compreensão quanto ao que queremos expressar. O autor propõe, assim, uma série de medidas que tendem a tornar mais clara e objetiva a transmissão de sentimentos e emoções, favorecendo a comunicação e desestimulando conflitos.

O terceiro componente da comunicação não violenta é apontado por Rosenberg como "o reconhecimento das necessidades que estão por trás de nossos sentimentos" (ROSENBERG, 2006, p. 94), já que "o que os outros dizem e fazem pode ser o *estímulo*, mas nunca a *causa* dos nossos sentimentos" (ROSENBERG, 2006, p. 83). A causa de nossos sentimentos, dessa forma, está em nossas *necessidades.* Sabendo identificá-las, assim como as das demais pessoas, promovemos uma comunicação não violenta, na medida em que "quanto mais diretamente conseguirmos conectar nossos sentimentos a nossas próprias necessidades, mais fácil será para os outros reagirem a estas com compaixão" (ROSENBERG, 2006, p. 86).

O quarto componente diz respeito à capacidade de fazermos *pedidos* quanto ao que gostaríamos que fosse realizado: "Quando nossas necessidades não estão sendo atendidas, depois de expressarmos o que estamos observando, sentindo e precisando, fazemos então um pedido específico: pedimos que sejam feitas ações que possam satisfazer nossas necessidades" (ROSENBERG, 2006), de modo a que os outros respondam de maneira mais compassiva a elas.

Identificar emoções, tratá-las com serenidade e escutar ativamente e com afinco estão, ainda, entre os recursos mais importantes para concretizar a separação entre pessoas e problemas.

Concentrar-se nos interesses e não nas posições implica em compreender que, muitas vezes, as partes em disputa apresentam, ainda que de forma involuntária, posições que camuflam seus reais interesses. O interesse é aquilo que se encontra subjacente à posição explícita.

Assim, o que define e marca o antagonismo entre os interessados são suas posições, mas não necessariamente seus interesses, que, ao contrário das primeiras, não se apresentam de forma rígida ou instransigente e sem a possibilidade de aproximação. Dessa forma, "por trás de posições opostas há interesses conflitantes, mas também em comum e compatíveis". Assim:

> Conciliar interesses, e não posições, também é eficaz porque, por trás de posições opostas, há muito mais interesses em comum do que conflitantes. (FISHER; URY; PATTON, 2018, p. 65)

É preciso, é claro, sabermos, enquanto negociadores, identificar nossos próprios interesses, além dos alheios. Com isso, também será possível aferir até que medida nosso próprio comportamento pode impor obstáculos ao diálogo e ao entendimento.

Nesse sentido, é valiosa a lição de Erica Ariel Fox, ao propor que nos autoavaliemos e nos perguntemos, inclusive em uma mesa de negociação, em que pontos nós mesmos, e não a outra parte, porventura estamos a colocar entraves, empecilhos ou dificuldades para a comunicação, ou, em suas palavras, colocando-nos no meio de nossos próprios caminhos, o que significa, também, perceber nossa própria contribuição para os resultados – por vezes insatisfatórios – que obtemos[104].

E, para observar os interesses das demais partes, a *empatia* se mostra relevante. Ao nos colocarmos no lugar dos outros e nos perguntarmos as razões pelas quais eles adotam esta ou aquela posição, começamos a abrir caminho para tanto. Um bom ponto de partida será sempre avaliar quais necessidades mais básicas e prementes as partes pretendem atender (como, por exemplo, a segurança e o reconhecimento).

A *criação de opções,* a seu turno, *é o antídoto para* a crença natural de que o conflito tem apenas uma solução possível, ou seja, aquela que se adéqua a nosso ponto de vista. Conhecer a fundo – particularmente em se tratando de controvérsias complexas e repletas de variáveis – as questões em torno das quais a disputa gira é o ponto de partida para que, evitando-se prejulgamentos sobre ideias de encaminhamentos que possam surgir, seja estimulada a cooperação mútua para a criação de tais opções.

Outra técnica que se insere nesse contexto é o reenquadramento[105] do conflito, do di*álogo ou mesmo das propostas já apresentadas para solução da controvérsia*, ou seja, a abertura para a análise da questão sob perspectivas alternativas àquela que se propôs inicialmente, como, num exemplo simples, a proposta de cumprimento de determinada obrigação não de forma

---

104 "O primeiro passo para superar sua lacuna de desempenho [*performance gap*, no original], é ver seu próprio papel nos resultados que você vem obtendo" (FOX, 2013, p. 21, tradução nossa).

105 Exemplo interessante, numa disputa por *royalties*, é dado por Deepak Malhotra (2017, p. 17).

mais imediata, mas protraída no tempo, mediante o estabelecimento de garantias objetivas ou contrapartidas.

A utilização de *brainstorming*[106], a depender do conflito e de suas características, pode ser uma importante ferramenta para a geração de opções:

> A sessão de *brainstorming* tem o objetivo de produzir o máximo de ideias possível para resolver determinado problema. Sua regra fundamental é deixar de lado todas as críticas e avaliações das ideias. O grupo simplesmente cria ideias sem considerar se são boas ou ruins, realistas ou irrealistas. Sem essas inibições, uma ideia estimula a outra como num efeito dominó. (FISHER; URY; PATTON, 2018, p. 84)

O uso *de critérios objetivos,* por óbvio, facilita o processo de negociação para que transcorra de maneira mais prática e cooperativa, pois o enquadramento do conflito pelos interessados será sempre focado na busca de soluções que identifiquem os interesses convergentes por trás das posições e, a seguir, atendam a tais interesses. Prestigiar tais critérios é, no dizer de Fisher, Ury e Patton (2018, p. 107), concentrar-se "no mérito do problema", estar "aberto à razão e fechado a ameaças".

Também é importante mencionar, neste ponto, os conceitos de MASA (melhor alternativa sem acordo) e de "ponto de recuo".

A "melhor alternativa sem acordo" (MASA)[107] é um importante ponto de referência para qualquer negociador. É como um

---

[106] "Uma dimensão importante da negociação integrativa é o livre fluxo de informação entre os negociadores, de modo a que cada parte tenha uma compreensão consistente sobre a outra. O estilo de negociação integrativa inclui 'brainstorming' para desenvolver novas opções que satisfaçam as necessidades significativas de ambas as partes; 'logrolling', em que cada parte concorda em fazer concessões sobre certas questões enquanto a outra parte concede sobre outras questões, e como ambas as partes têm prioridades diferentes, de modo a poderem conciliar melhor as suas prioridades distintas (...)" (ROBERTS; PALMER, 2020, pos. 4530, tradução nossa). Quanto à negociação integrativa, ver Capítulo II, item 2., *supra*.

[107] Em língua inglesa, BATNA (*best alternative to a negotiated agreement).*

limite, cujas fronteiras, uma vez próximas, acendem um sinal de alerta para que se atente para os possíveis encaminhamentos da negociação, que podem se tornar desfavoráveis.

É claro que, em sendo frágil a MASA, o negociador estará em situação mais desfavorável dentro das dinâmicas da negociação. O contrário também se aplica. Se a MASA é considerada "forte", é evidente que a ausência de acordo, numa negociação, não será uma situação muito desvantajosa.

O importante para o negociador é que ele tenha, desde o início, clareza sobre sua MASA:

> Quando negociamos, o objetivo é produzir algo melhor que os resultados que poderiam ser obtidos sem uma negociação. Que resultados são esses? Que alternativa é essa? Qual é a sua Batna (*Best Alternative To a Negotiated Agreement*)? –, ou sua Melhor Alternativa a um Acordo Negociado? *Esse é o critério pelo qual qualquer* acordo proposto deve ser avaliado, o único que pode proteger você de aceitar condições muito desfavoráveis e de rejeitar termos que seriam de seu interesse. (FISHER; URY; PATTON, 2018, p. 124)

Em se tratando de um conflito que se já encontra *sub judice,* a melhor alternativa sem acordo também deve ser ponderada com os aspectos *instrumentais* da potencial resolução da controvérsia por meio da heterocomposição. O que se quer dizer é que devem ser considerados fatores como o tempo para a obtenção de um título executivo judicial (sentença judicial de mérito ou sentença arbitral), a incerteza com relação ao resultado do julgamento, entre outros.

Surge, então, a ideia de *WATNA* (*Worst Alternative To a Negotiated Agreement*), ou seja, a *pior alternativa a um acordo negociado.* Trata-se de um panorama potencial que, diante das circunstâncias da disputa, deve também ser conhecido e devidamente sopesado, à luz das propostas e encaminhamentos feitos durante uma negociação:

> Mas, ao mesmo tempo, cada parte deveria também considerar o pior resultado que pode advir se um acordo negociado não for obtido (WATNA) – ou seja, qual é o pior cenário possível para cada um dos interessados se falhar a tentativa de se chegar a um consenso com o lado adverso. Talvez ainda seja vantajoso para uma parte aceitar um resultado negociado desfavorável se a alternativa for ainda pior: a decisão de aceitar uma oferta pouco atraente *é, então, baseada na percepção de que ao menos ela minimiza perdas ou é* o melhor cenário para uma situação ruim. (PALMER; ROBERTS, 2020, pos. 4064, tradução nossa)

A percepção de que a dinâmica da negociação começa a tangenciar o cenário antevisto como uma melhor alternativa sem acordo é um alerta para que a parte pondere sobre a conveniência de tentar direcionar o diálogo para outros caminhos, ou mesmo para abandonar a tentativa de autocomposição. Esse ponto é o chamado "ponto de recuo" (*reservation value/price* ou *walk away point*). Entre os pontos de recuo de cada um dos interessados estaremos na chamada ZOPA (zona de possível acordo, ou *zone of possible agreement*).

É evidente que, para qualquer negociador, é importante conhecer, com a maior profundidade possível, a MASA das demais partes[108]. Isso permitirá melhor desenvoltura no diálogo e, dentro do espírito de cooperação e construção conjunta de soluções, melhor entendimento sobre as posturas adotadas pelos demais interessados.

---

108 "Uma das grandes dificuldades de quase todo processo de negociação é a *assimetria de informações:* inevitavelmente, cada parte terá conhecimento de determinados fatos materiais que a outra parte não tem. Os mais evidentes deles são o BATNA (*Best Alternative to a Negotiated Agreement* – Melhor Alternativa ao Acordo Negociado) e a reserva de valor (diferença entre os valores/posições de cada uma das partes). Dificilmente uma parte sabe todas as opções que seu 'adversário' tem fora da mesa de negociações e o valor mínimo/máximo que ele está disposto a aceitar em um acordo, bem como todas as 'cartas' que ele esconde na manga (informações, provas etc.)" (PINHO; MAZZOLA, 2019, p. 204).

Este é um ponto em que se nota, claramente, a importância do *mapeamento do conflito,* ferramenta que mencionaremos logo abaixo, para que uma negociação se desenvolva de maneira satisfatória.

Conceitos como o de MASA, ZOPA e ponto de recuo, além da importância de que sejam considerados num eficiente mapeamento do conflito, serão novamente tratados no Capítulo III, item 2., *infra,* quando discorreremos sobre propostas de adaptação das técnicas e ferramentas autocompositivas para conflitos de natureza metaindividual.

Ao lado das técnicas e ferramentas próprias de negociação, cabe tratar das ferramentas procedimentais e de comunicação, próprias dos processos de mediação[109], mas que, sem dúvida, podem e devem, dentro do cabível, ser aplicadas também em dinâmicas de negociação.

Muito embora a mediação seja um processo marcado pela informalidade, há requisitos procedimentais[110] relevantes a ser seguidos, principalmente para garantia da observância dos princípios respectivos.

Sobre o assunto, observa Fernanda Tartuce:

> Vale destacar que, embora a Lei de Mediação aponte ser a informalidade um de seus princípios, ela direciona a atuação do mediador ao dispor que, no início da primeira reunião, e sempre que julgar necessário, ele deva alertar as partes sobre as regras de confidencialidade aplicáveis ao procedimento. A previsão não deve ser vista como uma contradição: a lei regula o tema para trazer parâmetros úteis e alguma previsibilidade, mas não impõe um modo rígido de atuação. (TARTUCE, 2021, p. 211)

---

109 Em seu "Caixa de Ferramentas em Mediação", Tania Almeida (2014) estrutura a classificação das ferramentas dessa forma, ou seja, dividindo-as em procedimentais, de negociação e de comunicação.

110 No aspecto, por assim dizer, estrutural, a mediação pode ser, em regra, desenvolvida mediante uma declaração ou termo de abertura, seguida de uma fase de coleta de informações/mapeamento do conflito, outra de construção de alternativas para solução, seguida de análise e escolha de opções e, por fim, a solução ou acordo.

A primeira ferramenta procedimental a ser mencionada é o *termo de participação no processo de mediação*. A expressão "termo", claramente, evidencia um documento escrito, mas ele não é imprescindível.

Poderá ser verbal esse momento de "pré-mediação", em que os interessados manifestarão sua intenção de participar da dinâmica em questão, sendo alertados quanto aos princípios que a regem, as garantias de que dispõem e, ainda, dos deveres que terão de observar para que o processo se desenrole de maneira satisfatória. O mediador, além disso, alertará quanto aos seus próprios deveres e quanto ao papel que exercerá. O momento é propício, ainda, para que as partes sejam colocadas na situação mais confortável possível para que se inicie o processo, ou seja, seguras daquilo que poderá e não poderá ocorrer e do que representa a figura do mediador. O objetivo, aqui, portanto, é transmitir, por meio do que se costuma denominar "declaração de abertura", aos interessados, a necessária tranquilidade e segurança quanto aos objetivos e limites do processo de mediação e apontar as regras segundo as quais deverá se desenvolver.

Muito se fala do *rapport* como um importante instrumento da mediação. Consiste ele na preparação do ambiente em que os interessados se sintam seguros e acolhidos. O mediador deve, ao mesmo tempo, transmitir segurança quanto à condução do processo e permitir que eles se sintam à vontade para que se desenvolva, gradualmente, uma fluidez de diálogo. Cuida-se de criar uma sintonia e uma identidade com os envolvidos, o que lhes trará mais confiança para que participem do processo de maneira mais aberta e, ao mesmo tempo, respeitosa.

O *mapeamento do conflito* (ou *reunião/coleta de informações)*, do qual também trataremos adiante no Capítulo III, item 2., consiste na oportunidade que o mediador terá de melhor conhecer os contornos e bases do conflito existente e, a partir disso, compreender as razões pelas quais se rompeu, se deteriorou ou não se construiu o diálogo entre os envolvidos. É evidente, de qualquer modo, que, enquanto não encerrado o processo, o mediador deverá, a todo momento, estar atento para novas informações que possam nortear a escolha – que é uma dinâmica contínua, ininterrupta – de técnicas e estratégias para condução da mediação.

O tempo de cada etapa da mediação também é um fator a ser observado com atenção pelo mediador, tanto no que se refere à coleta de informações quanto para que se confira a cada interessado o necessário *equilíbrio em sua participação*[111], de forma não apenas a se obterem todos os dados necessários para o mapeamento da controvérsia, mas também para que as partes renovem sua segurança no processo e na imparcialidade de seu condutor.

Outra ferramenta procedimental das mais relevantes, intimamente relacionada à atividade de coleta de informações, consiste no *caucus*, ou seja, nas reuniões privadas com as partes. Cuida-se de uma técnica que pode ou não ser utilizada[112], a depender das circunstâncias, o que deve ser prudentemente avaliado pelo mediador[113], podendo, é claro, ser solicitada por uma ou por todas as partes envolvidas. O equilíbrio e a paridade de tempo e de atenção do mediador devem ser, é claro, sempre observados, garantindo-se a todos os interessados o mesmo tempo de reuniões privadas.

---

[111] Nesse sentido, é prática comum – e salutar – que as aberturas de mediação contenham alerta às partes no sentido de que deverão ouvir os demais, respeitando os respectivos tempos de fala, para que, de forma equilibrada, também sejam ouvidas em seus momentos de se pronunciar. É bastante comum que se disponibilizem papel e caneta aos interessados, para que possam anotar seus pensamentos e reflexões e não os percam antes de suas respectivas oportunidades de manifestação.

[112] A *possibilidade* de sua utilização deve ser referida pelo mediador na fase inicial, ou de pré-mediação.

[113] Segundo Tania de Almeida (2014, p. 58), "São motivos pertinentes à solicitação de uma reunião privada, entre outros: (i) a necessidade de ampliar os temas inicialmente trazidos; (ii) a pertinência de se oferecer questionamentos que demandem especial exposição de quaisquer dos participantes; (iii) a constatação de que a emoção se mostrou elemento obstaculizador da fluidez do diálogo; (iv) a avaliação de que o andamento da mediação não está compatível com a qualidade do trabalho que está sendo desenvolvido; (v) a dúvida sobre a existência de algum motivo não aparente (a ser investigado) que possa estar comprometendo a evolução do processo de diálogo".

Uma questão sensível no momento da realização das reuniões privadas ou individuais diz respeito à preservação do sigilo de informações que possam surgir em tais momentos. O mediador deve garantir que as partes sejam indagadas acerca do quanto de suas declarações reservadas devem ser mantidas sob sigilo quanto à outra parte. Uma atitude transparente, segura e equilibrada do mediador é sempre necessária neste momento.

Discorreremos, no Capítulo III, item 3., sobre a confidencialidade na mediação de conflitos difusos.

Trataremos novamente da técnica de *caucus* também no Capítulo III, item 2., *infra*.

O *enquadre*, ou *reenquadre*, que, singelamente, consiste em rememorar as partes, em determinados momentos, acerca das regras, princípios e posturas com as quais as partes, no momento da abertura dos trabalhos, foram esclarecidas e concordaram, é uma ferramenta importantíssima no contexto da mediação. Isso se dá não apenas porque, muitas das vezes, o mediador estará diante de questões permeadas por fortes emoções ou um histórico de fortes controvérsias e posicionamentos antagônicos profundamente arraigados, que, no curso das dinâmicas por ele conduzidas, gradativamente prejudicam a reconstrução do diálogo, como também porque o próprio *objetivo* da mediação pode, em dados momentos, ficar obscurecido por outros fatores relacionados a comportamentos egóicos ou pouco focados.

É importante, ainda, mencionar que o processo de mediação, muito comumente, se desenvolverá em diversas reuniões, o que poderá ser estabelecido e esclarecido no momento da abertura, e não apenas em um só dia.

Os intervalos entre reuniões podem ser também utilizados pelo mediador, com *encaminhamentos* das partes a especialistas em determinadas áreas ou com o estabelecimento de *perguntas e tarefas reflexivas*, como preparação para a continuidade do processo (esta última técnica também se mostra válida, é claro, para aplicação em intervalos de uma mesma reunião[114]).

[114] "O mediador cria tarefas ou formula perguntas voltadas a aspectos positivos do processo de mediação, para serem trabalhadas pelos mediandos entre uma reunião e outra ou, ainda, enquanto a outra parte está em entrevista privada.

Trataremos, a seguir, em linhas gerais, das *ferramentas de comunicação*.

A comunicação é a ferramenta básica de atuação do negociador, do conciliador e do mediador. Seu *aprimoramento constante*[115], ao mesmo tempo, por paradoxal que possa parecer, consiste também em um objetivo primordial de todas as dinâmicas autocompositivas[116].

Há ferramentas em mediação cujo objetivo é justamente interferir na dinâmica de comunicação entre os interessados, com relação a pontos que, se trabalhados e fortalecidos, podem propiciar ganhos no sentido da construção de um ambiente cooperativo[117] e de soluções para a controvérsia.

Não à toa, portanto, são muitas as técnicas dedicadas ao aprimoramento da comunicação e do diálogo. Discorreremos, adiante, de algumas das mais importantes e mais utilizadas delas.

A primeira ferramenta a ser mencionada, por sua importância ampla e utilização em todos os métodos autocompositivos, é a *escuta ativa*.

As tarefas propostas ou as perguntas feitas devem provocar reflexão e movimento, especialmente em direção ao futuro e à satisfação mútua. São exemplos de perguntas para essas ocasiões: que alternativas, além das já pensadas até o momento, poderiam ser incluídas? Dentre as alternativas trazidas por você, quais são as que atenderiam melhor a ambos? Você poderia usar esse intervalo para pensar alternativas de benefício mútuo?" (ALMEIDA, 2014, p. 63).

115 O dramaturgo irlandês George Bernard Shaw (1856-1950) afirmou que "o grande problema na comunicação é a ilusão de que ela realmente aconteceu" ("The single biggest problem in communication is the illusion that is has taken place").

116 Já tratamos acima, neste mesmo item, dos contornos básicos da "comunicação não violenta".

117 O renomado físico italiano Carlo Rovelli, em seu livro "Helgoland" (2021, pos. 2084), dedicado à mecânica quântica, após discorrer sobre a dissolução da noção do indivíduo como ente à parte em meio às complexas interações e relações do mundo real (algo evidenciado pela compreensão advinda das incertezas próprias do mundo subatômico), afirma: "As relações constituem o nosso 'eu', assim como nossa sociedade, nossa vida cultural, espiritual e política. É por isso, segundo creio, que tudo o que conseguimos realizar ao longo dos séculos foi conquistado em rede de trocas, de colaboração. E é por isso que a política de colaboração é muito mais sensata e eficaz do que a política de competição..." (tradução nossa).

Cuida-se de se dedicar a realmente ouvir, de forma atenta e qualificada, o que as partes dizem, procurando, ao mesmo tempo, analisar o que há de subjacente em suas manifestações, demonstrando real preocupação e interesse em que tenham garantida sua posição de fala e que se sintam acolhidas por um esforço de compreensão e inclusão[118].

A escuta ativa tem enorme importância não apenas na atividade do mediador, com relação às partes, mas também para o negociador. Cuida-se de uma maneira eficiente de desarmar (no melhor sentido da palavra, ou seja, num sentido, por assim dizer, "não competitivo") a outra parte, abrindo-se as portas para a construção de um ambiente colaborativo:

> Há uma maneira poderosa de acalmar a voz em sua cabeça e a voz na cabeça deles ao mesmo tempo: trate dois esquizofrênicos com apenas um comprimido. Ao invés de priorizar seu argumento – na verdade, ao invés de elaborar qualquer pensamento no início sobre o que você vai dizer – deposite seu foco único e abrangente na outra parte e no que ela tem a dizer. Nesse modo de verdadeira escuta ativa (...) você desarmará sua contraparte. Você vai fazer com que ela se sinta segura. A voz em sua cabeça começará a se acalmar. (VOSS; TAHL, 2016, pos. 598, tradução nossa)

No dizer de Tania Almeida:

> A escuta ativa viabiliza as expressões equânimes dos mediandos, gerando confiança no processo de diálogo e sentimento de que é possível falar e ser ouvido, mesmo na vigência de discordância; por vezes, é na mediação que pela primeira vez tal fato se torna possível desde o início do desentendimento. (ALMEIDA, 2014, p. 67)

[118] "Conferir acolhimento e demonstrar interesse e compreensão com relação às questões e aos temas aportados à mediação integram os impactos desejados pelo emprego dessa natureza de intervenção" (ALMEIDA, 2014, p. 67).

A atuação do mediador, de outro lado, na aplicação da escuta ativa, pressupõe que se garanta equilíbrio, não apenas com relação às intervenções das partes, de forma a balancear a participação de cada uma nas dinâmicas em questão, mas também em não interferir nas mesmas dinâmicas de forma a retirar, dos interessados, seu protagonismo no processo. Assim, a demonstração de atenção e o esforço de compreensão dos interesses de cada qual, por parte do mediador, deve ser pautado por parcimônia e um *timing* equilibrado para as intervenções[119].

Em meio à aplicação da escuta ativa, é possível, ainda, a utilização da *validação*, consistente em se descrever ou avaliar comportamentos ou falas a princípio agressivos ou inadequados para o ambiente cooperativo que se pretende criar, de forma a retirar conotoações negativas de tais situações, descrevendo-as objetivamente e demonstrando suas possíveis consequências. Isso permite que a outra parte também avalie suas próprias reações, com o que se neutraliza – e se aproveita – um gatilho para a animosidade de forma a se permitir maior autorreflexão pelos interessados. De outro lado, à parte que se manifestou (demonstrando inconformismo, raiva, tristeza etc.) resta uma sensação maior de acolhimento.

O mediador deve atentar, ainda, para as consequências de uma escuta meramente *reativa* por parte dos interessados, que, no momento de sua fala, acabam por se preocupar, primordialmente, em se defender ou rebater os argumentos das demais, deixando de apresentar, de forma mais clara e objetiva, seus próprios pontos de vista.

O conteúdo desvelado por meio da escuta ativa pode implicar na abertura de oportunidades para utilização de outras técnicas,

---

119 Stulberg & Love (2013, pos. 728) advertem: "Um mediador deve ouvir e compreender as preocupações de todas as partes. Se ele está constantemente falando ou fazendo perguntas, as partes não acreditarão que está interessado em compreender seus problemas da maneira como os veem. Um mediador, acima de tudo, deve apreciar a sabedoria do ditado 'Não é por acaso que as pessoas são feitas com duas orelhas e uma boca'" (tradução nossa).

como o reforço positivo, a inversão de papéis, o silêncio, entre outras.

A nosso ver, o *reforço positivo* (ou afago) está intimamente ligado com a aplicação da *inversão de papéis*. É comum que as partes envolvidas em um conflito não tenham a frieza – o que lhes retirará, enfim, a capacidade – de observar de forma neutra os comportamentos das demais que, durante a escalada da controvérsia, alimentaram o conflito. É importante que o mediador (e o negociador) estejam atentos para procurar identificar e compreender motivos subjacentes a determinadas atitudes vistas pela parte adversa como reprováveis e inadequadas, motivos esses que, observados de forma serena e objetiva, acabam por justificar tais atitudes e comportamentos, ainda que parcialmente.

Cuida-se de chamar a atenção das partes para o aspecto humano, emocional e falível de nossas atitudes, e para a possibilidade de que, olhando parcimoniosamente para elas, deixemos de julgá-las de forma impiedosa.

A ligação do uso de tal ferramenta com a *inversão de papéis* é bastante evidente. Ao convidar os interessados a uma tentativa de observar os comportamentos alheios do ponto de vista de quem os praticou, abrem-se horizontes de compreensão que permitem que o diálogo floresça de forma mais fluida e produtiva. Também nas negociações tal técnica é extremamente útil[120].

Afirma Tania Almeida:

> Esta natureza de intervenção constitui-se base de algumas espécies de abordagens em mediação, como é o caso do modelo transformativo[[121]], o qual utiliza perguntas que auxiliam na identificação dos sentimentos, das preocupações, dos interesses, das necessidades, dos valores e

120 "Quando alguém me pergunta qual é a habilidade mais importante de um negociador, respondo que, se eu tivesse de escolher apenas uma, seria a de se colocar no lugar da outra pessoa. Negociação, afinal, é um exercício de influência, é tentar mudar a posição de alguém. E o primeiro passo para isso é conhecer essa posição" (URY, 2015, p. 21).

121 Ver Capítulo II, item 3., *supra*.

> das possibilidades de cada um (*recognition*). As respostas de cada participante constituem-se em dados a serem convertidos em informação pelo outro.
> Intervenções com esse objetivo estimulam a visitação ao lugar do outro como uma atividade de mão dupla. Por vezes, a compreensão da perspectiva do outro já é cenário suficiente para mediadores oferecerem reflexões que conduzam ao entendimento. (ALMEIDA, 2014, p. 87)

O *silêncio* também é uma ferramenta preciosa na mediação, cujo uso deve ser pautado, evidentemente, por um *timing*[122] adequado para que surta efeitos. Pode, por exemplo, ser empregado como reforço implícito, diante de determinada intervenção agressiva, de ajustes preliminares sobre a observância de regras de escuta e fala.

Momentos de silêncio permitem uma reflexão pelos interessados, na medida em que a interrupção no fluxo de fala pode representar uma quebra estratégica no desenrolar de uma dinâmica percebida, pelo mediador, como desfavorável, seja por conta de uma determinada intervenção de uma das partes, seja em razão do assunto tratado naquele momento, seja porque determinada frase ou circunstância precisa de determinado tempo para uma devida absorção, que permita, em seguida, a continuidade dos trabalhos.

[122] É interessante mencionar, aqui, para reflexão, o conceito grego bipartido de tempo, entre *chronos* (o tempo cronológico) e *kairós* (o tempo da oportunidade): "Os gregos reconheceram uma espécie de heterocronia ontológica ao nomear dois tipos e conceitos de tempo: *chronos*, o tempo de continuidade e mutabilidade, e *kairós*, a temporalidade do momento auspicioso, de oportunidade ou crise – o tipo de instante intenso e irrecuperável que precisamos agarrar pelos chifres, ou pela cabeça. Em uma veia menos filosófica, existem algumas decisões que podemos tomar em um piscar de olhos e algumas tarefas que queremos realizar da forma mais eficiente possível" (HOFFMAN, 2009, pos. 2211, tradução nossa). O uso do tempo oportuno depende, a nosso ver, de extrema atenção e sensibilidade por parte do mediador e do negociador.

No que toca às negociações, William Ury enfatiza que:

> A maneira mais simples de ganhar tempo para pensar em meio à uma negociação tensa é fazer uma pausa e não dizer nada. Quando se está com raiva ou frustrado, não vale a pena reagir. Sua capacidade de discernimento fica comprometida. E não se trata apenas de um fato psicológico. É um resultado de alterações bioquímicas reais à raiva e ao estresse. Reservar mesmo que apenas alguns segundos para deixar essas alterações se dissiparem permitirá ter uma visão mais objetiva da situação (...).
>
> Fazer uma pausa (...) poderá ajudar o outro lado a se acalmar. Enquanto você não diz nada, o oponente não tem nada para atacar. Seu silêncio pode fazer com que ele se sinta desconfortável. E cabe a ele arcar com o ônus de manter o diálogo fluindo. Sem saber o que você está pensando, ele pode acabar sendo mais sensato. Alguns dos melhores acordos são obtidos pelo silêncio. (URY, 2019, p. 69)

A ocorrência de entraves à comunicação em razão de *diferenças culturais* ou ideológicas também é algo a ser levado em conta pelo mediador[123]. É fato que conflitos podem surgir justamente porque as partes, examinando as variáveis da situação fática concreta de maneira superficial e sob o prisma de suas convicções próprias, recusam-se a observar a questão sob os pontos de vista das demais ou a caminhar mais livremente sobre um panorama mais amplo e flexível de observação do problema. Por vezes, de outro lado, aspectos culturais, extremamente arraigados em cada um de nós, implicam em dificuldades extras de comunicação.

[123] É possível afirmar que, em conflitos difusos, "(...) várias partes interessadas provavelmente estarão envolvidas, o que introduzirá uma diversidade de culturas e valores (por exemplo, organizacionais, raciais, religiosos e econômicos) para um conjunto complexo de questões científicas e políticas" (AMSLER *et al.*, 2020, pos. 6752, tradução nossa; o trecho se refere, mais especificamente, a conflitos relacionados a questões ambientais).

O estudo de conflitos interculturais, suas espécies e possíveis ferramentas de superação, é importantíssimo em negociação e mediação. É preciso, em tal contexto, procurar pelos sistemas e padrões subjacentes aos comportamentos das partes, para, a partir daí, sempre de maneira serena e ponderada, buscar soluções, sem que se afrontem crenças enraizadas que compõem, por vezes, a própria estrutura moral e ética de cada um. A busca, ao se analisarem os comportamentos e posições/ interesses de cada um, é de significados compartilhados entre eles, o que será sempre possível se nos concentrarmos em aspectos fundamentais das necessidades humanas que eventualmente estiverem em jogo.

A própria abordagem de cada um ao conflito pode se dar de maneira mais individualista ou mais coletivista e, nesses casos, é interessante identificar tais comportamentos e, a partir daí, traçar estratégias de acompanhamento[124].

O *resumo* é outra ferramenta de comunicação de valor inestimável para o mediador, particularmente diante de conflitos mais complexos e ricos em variáveis. Permite que se reúnam, em dado momento, as informações e declarações feitas por cada qual dos interessados, as contrariedades apresentadas e, além disso, que se esclareçam pontos que, por qualquer motivo, tenham sido mal compreendidos[125].

Juntamente com resumo, mas de forma diferente e mais pontual, o ato de *parafrasear* determinadas falas ou posicionamentos pode ser, igualmente, muito útil para contextualizar certos pontos, chamando a atenção, inclusive, para aspectos

124 Interessantíssima, também, na análise de conflitos interculturais, é observar que determinadas culturas (chamadas de culturas de baixo contexto) empregam abordagens mais diretas e linguagem literal às relações e aos conflitos, além de um ponto de vista, em regra, mais individualista, enquanto culturas de alto contexto utilizam, com maior ênfase, linguagem corporal e significados implícitos.

125 "Os resumos têm objetivos vários, que vão desde checar com os participantes do diálogo o correto entendimento do mediador sobre o que expressam na mediação, até possibilitar uma nova qualidade de escuta por parte dos envolvidos na desavença ou na tomada de decisão" (ALMEIDA, 2014, p. 90).

positivos dos posicionamentos adotados pelas partes, que podem ter ficado subjacentes em razão do linguajar, postura ou abordagem empregados em determinados momentos.

Conflitos geram trauma e desconfiança, e é justamente em razão disso que, muitas vezes, o diálogo e a comunicação sofrem rupturas, ou sequer têm a oportunidade de se construir entre as partes. É uma reação natural do ser humano, diante de se ver atingido em suas expectativas e direitos, posicionar-se de forma defensiva no contexto do conflito, retornar todo o tempo ao passado e, nesse contexto, procurar atribuir culpa e responsabilidade por aquilo que não ocorreu como pretendido[126].

O mediador deve estar atento, portanto, para que discursos *retrospectivos* não embaralhem o caminho do entendimento, pois conduzem a um círculo vicioso que simplesmente impede que todo o contexto das relações entre as partes seja visto de forma clara, distanciando-as da solução.

Assim, a ferramenta do *enfoque prospectivo,* cujo objetivo é justamente neutralizar a tendência que as partes apresentam, num ambiente conflituoso, de retornar ao que passou e apontar a culpa das demais pelo ocorrido, mostra-se como uma das mais importantes técnicas à disposição do mediador, que, assim, pode convidar os interessados a olharem adiante e a buscarem ativamente soluções, dentro de um espírito de cooperação, para os impasses que experimentam.

---

[126] É oportuno observar o que a filosofia de Arthur Schopenhauer, para quem a percepção de realidade que vivenciamos é balizada por nossos desejos e vontades e a resistência que o mundo apresenta à sua concretização, tem a dizer sobre isso: "No entanto (...) somos muito capazes de considerar o que há muito se passou como tão vividamente presente, que velhas emoções que há muito estavam adormecidas são assim despertadas com toda a sua força. Assim, ninguém se irritaria ou se desconcertaria com um infortúnio ou uma decepção, se a razão lhe mantivesse sempre presente o que o homem realmente é: a mais necessitada das criaturas, diariamente e a toda hora abandonada a incontáveis infortúnios, grandes e pequenos (...), que tem, portanto, que viver em constante cuidado e medo" (SCHOPENHAUER "The World as Will and Representation", p. 326, tradução nossa).

Em conclusão a este item, é importante destacar que, durante a atividade de mediação, enfim, o mediador deve se dedicar a ouvir e observar, sem julgamentos[127], de maneira atenta e profunda, ao que os interessados informam, às suas posições e ao que afirmam acreditar ser a solução para as questões conflituosas, buscando, em meio a essa miríade de aspectos, pontos em que as partes podem ter chance de convergir.

Ao mesmo tempo, deve prestigiar, pacientemente e de modo estratégico, passo a passo, todas as possibilidades de construção ou reconstrução do diálogo qualificado, como ferramenta essencial para a busca do consenso:

> A mediação é um trabalho artesanal.
>
> Cada caso é único. Demanda tempo, estudo, análise aprofundada das questões sobre os mais diversos ângulos. O mediador deve inserir-se no contexto emocional e psicológico do conflito. Deve buscar os interesses, por trás das posições externas assumidas, para que possa indicar às partes o possível caminho que tanto procuravam. (PINHO; MAZZOLA, 2019, p. 51)

2. Aplicação das ferramentas e técnicas autocompositivas a conflitos coletivos *lato sensu;* adaptações e adequações

Como referido, as ferramentas e técnicas desenvolvidas para a facilitação e uso do diálogo como verdadeiro instrumento

127 "Um outro aspecto da obrigação de imparcialidade ativa é também muito importante no cumprimento de ambos os aspectos da função de empoderamento-e-reconhecimento. A imparcialidade dos mediadores significa não só que eles não são aliados de nenhum dos lados, mas que, por falta de interesse pessoal, eles têm mais distância e perspectiva privilegiada sobre as discussões das partes. Esta posição 'acima da briga' não deve, no entanto, ser um posto de escuta passivo. Em vez disso, deve ser a base para o que chamo de trabalho de narração do mediador. O mediador pode ouvir com imparcialidade e relatar com imparcialidade às partes muitos pontos cruciais do próprio diálogo delas, que elas próprias podem não ter compreendido totalmente ou mesmo sequer ter escutado, por causa de sua proximidade com a situação" (PALMER; ROBERTS, 2020, pos. 5564, tradução nossa).

de pacificação, utilizadas tanto em negociações como em mediações, foram de início criadas e pensadas para aplicação em disputas individuais, surgindo, assim, para sua aplicação mais produtiva e adequada na área da tutela coletiva, a necessidade de adaptações.

Neste trabalho, no item anterior, referimo-nos a ferramentas tanto de negociação quanto de mediação, enfatizando que seu emprego pode se dar na aplicação prática (com as adequações necessárias) tanto num quanto no outro método de solução de conflitos.

Cabe, no entanto, preliminarmente, fazer algumas considerações sobre o emprego da mediação na gestão de conflitos metaindividuais.

Se, de um lado, a negociação e a conciliação se mostram, ainda que de maneira predominantemente empírica, como métodos consagrados de autocomposição de conflitos difusos, não apenas no âmbito da atuação do Ministério Público como também dos mais diversos órgãos da Administração Pública, a possibilidade de utilização da mediação ainda gera uma série de dúvidas e alguma perplexidade[128].

No entanto, acreditamos que seja plenamente viável a aplicação de tal ferramenta para tanto. Basta invocar as mesmas justificativas que se apresentam para a consagração da negociação – ou mesmo da conciliação – enquanto tal, na medida em que, na verdade, nada há na mediação que o contraindique. Pelo contrário, aliás. Isso se mostra claro não apenas ao se examinar a defesa teórica dessa possibilidade, como também ao observarmos que, na prática, isso tem sido estimulado, e as discussões a respeito muito têm avançado.

---

[128] A autocomposição e a mediação no âmbito das pessoas jurídicas de Direito Público é objeto de regulamentação na já mencionada Lei Federal nº 13.140/2015 (arts. 32 a 40), que trata, inclusive, da criação de "câmaras de prevenção e resolução administrativa de conflitos, no âmbito dos respectivos órgãos da Advocacia Pública".

Tais justificativas passam, inclusive, como é cediço, pela óbvia necessidade de se encontrarem alternativas para a litigância processual, diante dos inúmeros problemas, de todos conhecidos, decorrentes de se adotar a via judicial como preferencial para a solução de conflitos, sejam eles individuais, sejam eles coletivos.

De qualquer modo, os questionamentos sobre a inclusão da mediação no cardápio de métodos de encaminhamento e solução de conflitos coletivos e difusos passam, por primeiro, pela evidente caracterização de tais conflitos como, geralmente, mais complexos do que os individuais, repletos de variáveis sobre as quais, muitas vezes, o controle e o pleno conhecimento de desdobramentos se mostram muito mais difíceis. Além disso, dúvidas podem surgir quanto à prerrogativa que um legitimado extraordinário possa ter para participar da escolha do mediador, quanto a como se conduzir a mediação diante da clara possibilidade de haver mais do que duas partes no conflito, bem como quanto à complexidade técnica[129] de muitos dos conflitos transindividuais.

A participação na escolha do mediador pelo legitimado extraordinário nos parece um problema aparente apenas. Com efeito, não há nenhuma disponibilidade acerca do direito material tutelado em tal atividade. O risco de que tal ocorra não está neste momento e muito menos na escolha da mediação enquanto método de discussão e encaminhamento do conflito. Vale lembrar, aliás, que mediadores capacitados estão perfeitamente habituados à condução da reconstrução do diálogo em conflitos envolvendo direitos indisponíveis. Assinala-se em acréscimo que a mediação é um processo marcado pela voluntariedade enquanto princípio informador, e essa característica não se revela apenas no momento em que o

[129] O Projeto de Lei nº 1.641/21 (de que também trataremos no Capítulo V, *infra*) dispõe, em seu art. 40, que "Os legitimados coletivos, ao participarem da autocomposição, poderão solicitar, aos órgãos e entidades públicas com reconhecida capacidade técnica, manifestação sobre a viabilidade técnica, operacional e financeira das obrigações a serem assumidas em autocomposição coletiva".

interessado a ela adere, mas se faz presente durante toda a dinâmica de sua aplicação. Com relação à tutela, em si, do direito material, e às regras que envolvem a apreciação e homologação do conteúdo de acordos e de promoções de arquivamentos deles resultantes, no que diz respeito ao Ministério Público, por exemplo, aplicam-se as mesmas regras vigentes quanto à negociação que resulta na celebração de TACs.

Dito isso, e retornando às técnicas e ferramentas e sua adaptação para a área de interesses transindividuais, apenas para contextualizar o que foi descrito no item anterior, ali mencionamos as seguintes técnicas e conceitos: *separar as pessoas dos problemas, concentrar-se nos interesses e não nas posições, criação de opções, privilegiar critérios objetivos, comunicação não violenta, reenquadramento (recontextualização) do conflito, brainstorming, MASA, ponto de recuo, ZOPA, termo de mediação/declaração de abertura, rapport, escuta ativa, mapeamento do conflito, equilíbrio na participação/tempo, caucus, enquadre/reenquadre, perguntas e tarefas reflexivas, validação, reforço positivo (afago), silêncio, atenção a diferenças culturais/ideológicas, resumo, paráfrase.*

Conforme assinalado, o conhecimento e o domínio dessas e de outras técnicas e ferramentas pode contribuir para que os ambientes de negociação e, é claro, também de mediação (ainda que, nesse caso, tenhamos, naturalmente, participando da dinâmica como facilitador do diálogo, um terceiro, ou seja, o mediador, conhecedor, portanto, dos métodos de abordagem de conflitos e de interação com os interessados) se mostrem menos desgastantes, mais produtivos e se desenvolvam com maior foco na busca de soluções para as disputas envolvendo interesses difusos e coletivos.

O papel dos órgãos públicos legitimados para a celebração dos compromissos de ajustamento de conduta na efetiva capacitação de seus membros, por meio de seus centros de aperfeiçoamento funcional e profissional, de câmaras[130] de mediação

[130] Lei Federal nº 13.140/2015, art. 32.

e negociação e outras estruturas internas, como núcleos de incentivo às práticas autocompositivas[131], é, portanto, de crucial importância nesse sentido.

As diversas ferramentas desenvolvidas para uma melhor sistematização do trabalho do negociador e do mediador, como já referido acima, tradicional e originalmente, foram concebidas para a abordagem e encaminhamento de conflitos de natureza privada:

> Nos países onde já se utiliza a mediação, por exemplo, em questões ambientais (*v.g.*, EUA, Canadá, diversos países da União Europeia), muito se debateu sobre a adequação deste método surgido e tradicionalmente utilizado na resolução de conflitos envolvendo direitos disponíveis e/ou de natureza privada (notadamente conflitos de natureza patrimonial e na área de família) a esta classe de conflitos caracterizada, de uma parte, por uma complexidade muito maior, inclusive do ponto de vista subjetivo (por serem muitos os interessados), e, de outra parte, por versar sobre direitos, por essência, indisponíveis. (SOUZA, 2012, p. 100)

Eventuais controvérsias, no entanto, sobre a conveniência do emprego de métodos autocompositivos para a busca de soluções negociadas ou consensuais para conflitos difusos e coletivos, devem ser vistas como superadas. Em primeiro lugar porque tal prática tem sido bem-sucedida tanto em território nacional como também em outros países, em que isso já se tornou usual:

> Cabe registrar (...) que, o momento de judicialização de políticas públicas que se iniciou no Brasil há pouco mais de uma década, iniciou-se nos EUA há algumas décadas, sendo que, desde a década de 70, começou-se a utilizar a mediação para resolver esse tipo de conflito. (SOUZA, 2012, p. 173)

---

131 Resolução CNMP 118/2014, art. 7º, inciso VII.

Além disso, existem diversos preceitos normativos em nosso país que o autorizam e, mais do que isso, o estimulam, a começar pela própria previsão, constante da Lei da Ação Civil Pública (Lei Federal nº 7.347/1985), desde 1990, por força da promulgação do Código de Defesa do Consumidor (Lei Federal nº 8.078/1990), da possibilidade de celebração de compromissos extrajudiciais de ajustamento de conduta por parte dos legitimados extraordinários (art. 5º, § 6º).

Outros dispositivos e normas legais inspirados pela mesma visão podem ser citados como exemplo, entre diversos outros: o art. 2º, § 2º e § 3º do Código de Processo Civil, a Resolução nº 118/2014 do CNMP[132], e o próprio Capítulo II da Lei de Mediação (Lei Federal nº 13.140/2015), que regulamenta a autocomposição e a mediação no âmbito das pessoas jurídicas de Direito Público (arts. 32 a 40), prevendo, inclusive, a criação de "câmaras de prevenção e resolução administrativa de conflitos, no âmbito dos respectivos órgãos da Advocacia Pública". Além disso, o Código de Processo Civil e a Lei de Mediação, respectivamente nos arts. 174, inciso III e 32, inciso III, preveem expressamente a possibilidade de celebração de "termos de ajustamento de conduta" pelas câmaras de prevenção e resolução administrativa de conflitos instaladas no âmbito das pessoas jurídicas de Direito Público.

Assim é que, diante das evidentes vantagens que o uso dos métodos de autocomposição em disputas sobre direitos metaindividuais poderá trazer, se mostra desejável que se empreendam esforços com o objetivo de se propiciar, na medida da necessidade, as devidas adaptações, ou adequações das diversas técnicas disponíveis, para que tal utilização se dê, na prática, da forma mais fluida e produtiva possível.

132 De cuja exposição de motivos se extrai o seguinte trecho: "(...) a importância da prevenção e da redução da litigiosidade e que as controvérsias e os conflitos envolvendo o Poder Público e os particulares, ou entre estes, *notadamente aquelas de natureza coletiva*, podem ser resolvidas de forma célere, justa, efetiva e implementável (...)" (destaques nossos).

Dito isso, procuraremos trazer, em seguida, propostas de adaptação e adequação de algumas das ferramentas que se afiguram mais relevantes nesse sentido, sem o objetivo de esgotar o tema, mas, sim, na verdade, de se iniciar uma discussão e uma reflexão acerca da construção de uma metodologia para tanto.

Iniciaremos o rol de ferramentas escolhidas por aquelas tradicionalmente trazidas e exploradas pelo Projeto de Negociação de Harvard (extremamente úteis, como apontado acima, também em mediações) e, em seguida, algumas das técnicas também utilizadas, mais comumente, em dinâmicas de mediação.

Anota-se, ainda, que neste item os exemplos das técnicas de negociação e mediação se encontram colocados sem uma preocupação de separação rígida ou mais sistemática entre umas e outras, de forma a se examinarem, no texto, como parte de um grande e único repertório que poderá ser utilizado sempre que necessário, por negociadores capacitados e mediadores, na gestão de conflitos metaindividuais.

Como primeiro ponto a ser abordado neste item, selecionamos, dentre os preciosos ensinamentos trazidos por Fisher, Ury & Patton (2018), idealizadores do consagrado método de mediação de Harvard, aspectos cuja observância nos parecem absolutamente cruciais tanto no momento em que determinado conflito difuso estiver sob exame de suas nuances e características, como também durante todo o processo de negociação e mediação. São eles a *separação das pessoas do problema,* a demarcação entre *interesses e posições* e a *criação de opções.*

Separar as pessoas do problema consiste numa técnica, por assim dizer, de *objetivação* do conflito. Com efeito, "não ser capaz de lidar com os outros com sensibilidade, como seres humanos que têm reações humanas, pode ser desastroso para uma negociação" (FISHER, 2018, p. 41). As partes interessadas, inclusive nas dinâmicas de negociação, costumam encarar declarações e afirmações das outras como ataques, o que as coloca em posição de defesa, fazendo-as retrair para um ponto de maior segurança, do qual, em seguida, partem para o contra-ataque:

> Quando as conversas mudam de rotineiras para cruciais, geralmente temos problemas. Isso porque as emoções não nos preparam exatamente para uma conversa eficaz. Incontáveis gerações de modelagem genética levam os seres humanos a lidar com conversas cruciais com punhos voadores e pés velozes, não com persuasão inteligente e atenção gentil.
>
> Por exemplo, considere uma conversa crucial típica. Alguém diz algo de que você discorda sobre um assunto que é muito importante para você e os pelos da sua nuca se arrepiam. Com os pelos você pode lidar. Infelizmente, seu corpo faz mais. Dois minúsculos órgãos bem-posicionados sobre os rins bombeiam adrenalina para a corrente sanguínea. Você não escolhe reagir assim. Suas glândulas suprarrenais o fazem e então você tem que conviver com isso. (PATTERSON, 2012, p. 5, tradução nossa)

É a partir desse instante que o problema, a controvérsia que se quer encaminhar, antes o cerne daquela atividade dialética, acaba por, aos poucos, se dirigir para um ponto em que passa agora a funcionar como um pano de fundo etéreo e indefinido para uma competição visando a estabelecer quem "tem razão".

Assim, "o objetivo do jogo passa a ser marcar pontos, confirmar impressões negativas e fazer acusações, e os interesses essenciais das partes ficam de lado" (FISHER, 2018, p. 41).

É importante, nesse sentido, colocar-se no lugar do outro e, além disso, evitar interpretar as reações que ele apresenta com base em nossos próprios medos ou receios. Encarar com a devida humildade, sem julgamentos, os posicionamentos adotados pelos demais, pode funcionar como um filtro, por meio do qual vislumbram-se com maior clareza e objetividade as razões do conflito – que, muitas vezes, não estão nos fatos em si, mas sim, exatamente, em como os diversos interessados os encaram.

Na área de interesses difusos e coletivos, em que, de um lado da mesa, sempre haverá um legitimado adequado e, não, o próprio titular do direito, é essencial que o representante do órgão a exercer tal papel tenha sempre em mente, como baliza para sua atuação, a missão constitucional e instrumental que ali desempenha. Assim, as suas "verdades" pessoais podem não corresponder, no caso concreto, ao que as avaliações técnicas, por exemplo, indicam para aquela hipótese, ou mesmo aos anseios e expectativas de toda a sociedade a respeito do tema. Cingir-se aos aspectos legais da questão e não ultrapassar as prerrogativas que se tem para a tutela daquele interesse difuso, portanto, pode ser um caminho para demonstração de firmeza e coerência que poderá estimular os demais interessados a agirem da mesma forma.

Diferenciar interesses e posições, por sua vez, facilita que se observe o conflito não pelas manifestações expressas das partes (o que reduz o *iceberg* da controvérsia à sua ponta), mas, sim, pelo que o originou. A partir disso, muitas vezes é possível vislumbrar soluções que atendam a todos. A posição, nesse sentido, é aquilo que a parte declara expressamente ser seu desejo, seu direito ou sua pretensão. O interesse, de outro lado, é a raiz que a posição, muitas vezes de forma imprecisa, procura traduzir em palavras.

É famoso o exemplo da divisão da laranja disputada por duas crianças, mencionado por Fisher, Ury e Patton (2018, p. 80), sendo que, na verdade, o *interesse* de uma é pela polpa e o da outra pela casca da fruta. Os mesmos autores também citam o exemplo da bibliotecária que tem de administrar um desentendimento entre dois leitores. Um quer a janela aberta e o outro a quer fechada:

> A bibliotecária entra e pergunta ao primeiro por que quer a janela aberta: 'Para entrar um pouco de ar fresco'. Então pergunta ao segundo por que a quer fechada: 'Por causa do vento'. Após pensar por um minuto, ela abre uma grande janela na sala ao lado, deixando entrar ar fresco sem vento algum. (FISHER; URY; PATTON, 2018, p. 63)

Imagine-se um exemplo bastante simples de um hipotético conflito coletivo instaurado por conta da pretensão, de uma determinada população, de que um serviço público seja a ela disponibilizado no local em que reside. O poder público, de outro lado, afirma que essa pretensão não pode ser satisfeita, por não haver recursos previstos para tanto e pela responsabilidade fiscal que isso pode acarretar. A posição assumida pela comunidade de moradores poderá ser, portanto, a de pleitear a instalação de um posto de atendimento no bairro ou distrito em que reside. A do poder público será a da impossibilidade de atender a tal pretensão. O *interesse* daquela população, no entanto, não é necessariamente o de ser atendida naquele bairro ou distrito, mas de ser atendida. O do poder público não é o de negar a instalação de um posto em determinado local, mas, sim, o de obedecer aos ditames da responsabilidade fiscal. A solução pode estar, portanto, *v.g.*, na celebração de convênios para disponibilização de transporte para um bairro vizinho, ou num reforço de estrutura em um posto já existente numa região relativamente próxima.

A *criação de opções*, por sua relevância, será tratada juntamente com a ferramenta do *mapeamento de conflitos*. Este último é definido por Almeida como:

> (...) um procedimento imprescindível no diálogo com múltiplas partes, que pode ser sistematicamente utilizado por mediadores com a intenção de analisar a natureza do conflito e seu histórico, assim como de traçar estratégias de intervenção. (ALMEIDA, 2014, p. 59)

Já quanto à importância da *criação de opções*, nota-se que a interpretação mais comum que se tem quanto aos possíveis encaminhamentos de um conflito, pelas partes envolvidas, é a de que ele tem uma solução única. Assim:

> Parece que não há como dividir o bolo de maneira que satisfaça ambas as partes. Muitas vezes, você está negociando numa única dimensão, como a extensão de um território, o preço de um carro, a duração do contrato do aluguel de um apartamento ou a porcentagem da comissão em uma venda. Em outras, enfrenta o que parece ser uma situação de escolha excludente que é nitidamente favorável a você ou ao outro lado. (FISHER, 2018, p. 79)

O esforço para criar opções de encaminhamento que escapem dessa visão monolítica quebra esse paradigma e propicia outros olhares sobre a controvérsia e a abertura de outras direções para a construção de soluções.

Assim sendo, nos conflitos difusos e coletivos, diante da enorme complexidade que podem assumir, principalmente em causas estruturais, envolvendo a implementação de políticas ou serviços públicos, direitos sociais, em grandes causas ambientais (refiram-se elas ao *meio ambiente natural* ou ao *meio ambiente construído*), entre outros temas, a *geração de opções* dependerá, muitas vezes, da realização de um competente e aprofundado *mapeamento do conflito*.

Tal mapeamento, nos conflitos envolvendo interesses individuais homogêneos, poderá revelar a presença de tais interesses, procedendo-se, sempre que o caso, a providências análogas à prevista pelo art. 94 do Código de Defesa do Consumidor[133].

Apenas mediante um conhecimento de variáveis e detalhes do caso, em diversos aspectos que levem em conta seu caráter policêntrico e suas características técnicas e financeiras, o contexto social e cultural em que se insere e, não menos importante, uma identificação dos interesses e posições assumidos pelos núcleos de interessados[134], será possível analisar os pontos em que possíveis opções, sejam elas preparatórias, provisórias ou definitivas, poderão surgir.

Diante disso, entendemos que tais controvérsias deverão ser dissecadas e mapeadas, na medida do possível, em seus

---

133 O Projeto de Lei nº 1.641/21 (de que também trataremos no Capítulo V, *infra*) prevê, no art. 37, inciso III, quanto à autocomposição coletiva, "participação, sempre que possível, do grupo social titular da pretensão coletiva e dos demais legitimados processuais".

134 Em citação referente a conflitos ambientais, que bem se aplica, no entanto, a qualquer controvérsia sobre interesses metaindividuais, Lisa B. Amsler, Janet Martinez e Stephanie Smith advertem: "A chave para lidar com o conflito ambiental é entender os subsistemas e a complexidade de sistemas organizacionais, comunitários e de recursos naturais" (2020, pos. 6813, tradução nossa).

aspectos *jurídicos, técnicos*[135] e de *eleição de métodos e ferramentas* que, à luz das demais análises, se mostrarem mais adequadas para o encaminhamento pactuado do conflito.

Tal mapeamento deverá ser feito tanto pelos órgãos indicados pela lei como adequadamente legitimados para a celebração de compromissos de ajustamento de conduta como também, quando o caso, pelos mediadores responsáveis pela condução das dinâmicas de autocomposição[136].

Mapeamento do conflito metaindividual	> jurídico > técnico > identificação de métodos e ferramentas de autocomposição

Propomos, a seguir, um método de 10 passos para a realização de tal mapeamento e para, com base nele, a preparação das dinâmicas e do progresso do processo autocompositivo[137].

Tal proposta de metodologia, assim como, de resto, este trabalho, procura abranger as diversas modalidades ou áreas de atuação dos órgãos legitimados para a defesa dos interesses em pauta, tanto no que se refere a direitos ou interesses

---

135 O Projeto de Lei nº 1.641/21 (de que também trataremos no Capítulo V, *infra*) dispõe, em seu art. 40, que "Os legitimados coletivos, ao participarem da autocomposição, poderão solicitar, aos órgãos e entidades públicas com reconhecida capacidade técnica, manifestação sobre a viabilidade técnica, operacional e financeira das obrigações a serem assumidas em autocomposição coletiva".

136 Nesse sentido: "*Avaliação de conflito.* Processo de análise usado principalmente em políticas públicas multipartes ou mediação ou facilitação ambiental em que o terceiro identifica partes interessadas, interesses e questões, prepara um relatório e, com *feedback* das partes, sugere um processo para a abordagem do conflito" (AMSLER *et al.*, 2020, pos. 373, tradução nossa).

137 O autor teve a oportunidade de apresentar essa proposta de metodologia do mapeamento de conflitos, para aplicação prática, à Coordenação do *NUIPA Difusos* (Núcleo de Incentivo em Práticas Autocompositivas) do Ministério Público do Estado de São Paulo, de início nas Câmaras Temáticas já criadas no órgão, quais sejam, as de Meio Ambiente, Saúde Pública e Habitação e Urbanismo.

difusos, coletivos *stricto sensu* ou individuais homogêneos, sejam eles, portanto, relativos ao meio ambiente, ao patrimônio público, histórico ou cultural, à defesa da ordem urbanística, dos direitos sociais como a moradia e a educação, à infância e à juventude, ao idoso, às pessoas portadoras de deficiência, à saúde pública, aos direitos do consumidor etc.

Passo 1 – identificação dos aspectos gerais do caso e alcance territorial ou reflexos sociais, em políticas públicas ou em seu planejamento, quando o caso. Se possível, um histórico do problema no local ou na cidade, notadamente em se tratando de políticas públicas.

Passo 2 – reunião de dados existentes acerca de valores (quantificação de prejuízos sofridos, custo de obras de adequação, regularização, remanejamento, implementação de políticas públicas etc.). Reunião de dados acerca de questões orçamentárias referentes ao caso.

Passo 3 – aspectos ou características especiais do conflito, envolvendo, por exemplo, o tipo de atividade em torno do qual gira a controvérsia, o tipo de produto, bem ou mercadoria de que trata o conflito, características da área em razão da qual o conflito se dá (por exemplo, área rica em nascentes; ausência de serviço de atendimento ambulatorial de saúde mental x crescente número de internações no município; área rural ocupada informalmente, com grande potencial econômico para produção agrícola pelos ocupantes etc.).

Passo 4 – identificação dos *stakeholders* ("partes interessadas"); por exemplo: União, Estado, Município (e/ou Poderes Legislativos respectivos), Ministério Público, outros legitimados adequados, ONGs, movimentos sociais, setores acadêmicos, empreendedores, fornecedores em geral, fabricantes de medicamentos, insumos, produtos químicos ou outros bens, proprietários de área, ocupantes de área, órgãos regulatórios ou de fiscalização, órgãos ou entidades de representação de classe etc.

Passo 5 – posições adotadas por cada interessado frente ao conflito. Propostas eventualmente apresentadas;

características específicas (vantagens estratégicas que eventualmente apresentem, poderio econômico ou político, vantagens ou prerrogativas obtidas ou garantidas sob o ponto de vista processual etc.).

Passo 6 – a) identificação das principais normas de ordem pública/cogentes incidentes no caso; b) identificação dos pontos em relação aos quais há total indisponibilidade, ao menos a princípio, ou ausência de margens para negociação; c) identificação dos pontos em que há possibilidade e flexibi lidade para negociação; d) verificação sobre a conveniência em se pautarem, para o início da negociação ou mediação, temas de menor tensão ou complexidade ou menos polêmicos, favorecendo-se a criação de um ambiente de cooperação (aspecto pormenorizado abaixo; ver também passo 9).

Passo 7 – caso já tenha sido tentada uma negociação, identificação dos aspectos em razão dos quais não houve sucesso e posições adotadas por cada *stakeholder*, inclusive no que diz respeito a propostas e contrapropostas apresentadas, notadamente envolvendo valores em pecúnia.

Passo 8 – principais aspectos técnicos já levantados em pareceres ou laudos já realizados e eventual necessidade de realização de outros levantamentos técnicos.

Passo 9 – a) necessidade de se considerar, diante de complexidade do caso concreto, a conveniência de se separarem, para fins de abordagem inicial e realização de atos e reuniões, tópicos que digam respeito, mais diretamente, a interessados diversos (p. ex., poder público e particulares); b) estimativa quanto à necessidade de utilização do *caucus* (técnica pormenorizada abaixo; ver também passo 10.a)[138].

[138] O Projeto de Lei nº 1.041/21 (de que também trataremos no Capítulo V, *infra*), entre os princípios da autocomposição coletiva, prevê, no inciso V do art. 37, "preservação de todos os interesses envolvidos, permitindo-se, se for o caso, a segmentação do grupo em subgrupos com representantes adequados que possam tutelar de modo adequado os respectivos interesses".

Passo 10 – como preparação para eventual plano de trabalho e agendas do processo autocompositivo: a) estimativa do número de reuniões preparatórias, quem seriam os participantes, e do número de reuniões de trabalho necessárias para dar andamento e possivelmente encaminhar soluções autocompositivas para o caso (ver também passo 9.b); b) estimativa de cronograma ou cronograma esperado para a realização dos trabalhos de encaminhamento de autocomposição.

De grande relevância prática, em negociações e mediações, é o conhecimento objetivo, pelas partes (o que também deve merecer atenção e escuta interessada por parte do mediador), dos limites entre suas *zonas de possível acordo* (ZOPA) e *pontos de recuo* e, ainda, quais suas *melhores alternativas sem acordo* (MASA)[139].

A ZOPA diz respeito à zona dentro da qual, para o interessado, a depender das opções surgidas e das propostas feitas e recebidas, a celebração de acordo se mostra vantajosa e possível. A partir de tal limite, ou seja, além dele, a parte ingressa em seu ponto de recuo, ou seja, no ponto em que deixa a mesa de negociação. A temperar tais zonas de análise da conjuntura da negociação, tem-se no horizonte a melhor alternativa sem acordo, ou seja, a melhor situação em que cada qual se colocará caso não celebre uma composição.

É comum a apresentação de um diagrama, nos moldes do inserido abaixo, baseado nos ensinamentos de Roger Fisher, William Ury e Bruce Patton (2018, p. 121), particularmente nos conceitos de melhor alternativa sem acordo (BATNA) e de zona de possível acordo (ZOPA), cuja conformação é muito utilizada para a visualização gráfica do conflito, propiciando que as ideias que cada um dos conceitos representa fiquem mais claras. O diagrama foca em conflitos individuais (para os quais foram concebidas tais ferramentas), onde "A" e "B" representam as partes:

---

[139] *Best Alternative to a Negotiated Agreement (BATNA), Zone of Possible Agreement (ZOPA), Reservation Value/Price* ou *Walk Away Point*, em língua inglesa.

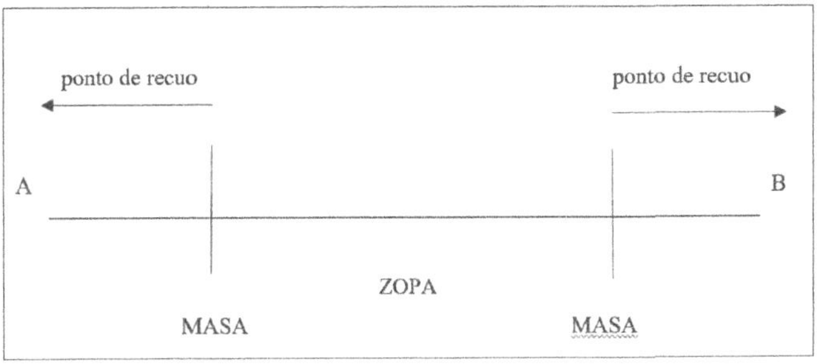

Em conflitos difusos, nos quais dificilmente será possível traçar um panorama tão simples de mapeamento dessas variáveis, pode-se entender como representando o ponto de recuo, da parte dos legitimados extraordinários, o âmago de indisponibilidade dos direitos metaindividuais em discussão. A melhor alternativa sem acordo, sempre interpretada com base na indisponibilidade em questão e seus limites, muitas das vezes, será a possibilidade de discussão do conflito em uma demanda judicial, com todas as adversidades e imprevisibilidades características do processo coletivo e do processo em geral.

Já a zona de possível acordo será desenhada com base no mapeamento do conflito, quando bem conhecidos os seus aspectos principais e projetados seus possíveis desdobramentos.

Com isso, o diagrama acima, já considerada uma adaptação para a área de interesses coletivos e difusos, considerando "LE" como o legitimado extraordinário, passaria a ter a seguinte conformação:

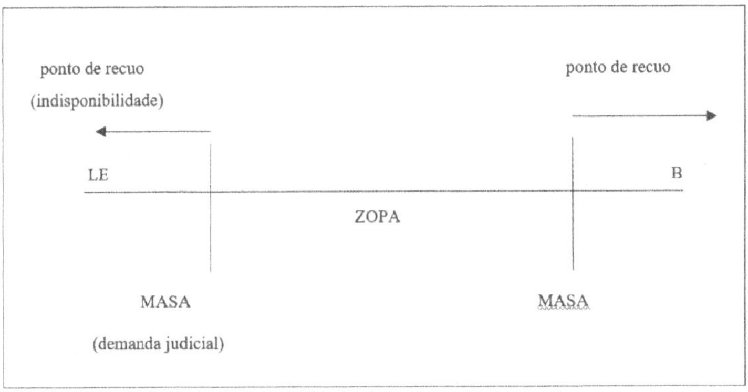

Como dito, o parâmetro básico para o recuo e abandono da mesa de negociação ou da mediação pelo legitimado adequado é a indisponibilidade do bem difuso ou coletivo lesado ou ameaçado de lesão. Quanto a tal ponto, cabem algumas considerações[140].

O entendimento mais tradicional a respeito da margem de flexibilidade negocial dos legitimados para o compromisso de ajustamento de conduta ao pactuarem as respectivas cláusulas é no sentido de que tal margem é bastante restritiva. Caberia, apenas, a discussão de modos de cumprimento da obrigação tendente à recomposição ou à preservação do bem lesado, ou ainda sobre o valor e modo de pagamento de valores em pecúnia, notadamente multas diárias.

Alguma flexibilização a essa rigidez tem surgido ao longo do tempo, para que se permita uma maior autonomia dos entes legitimados na discussão de alternativas visando a reparação ou preservação do interesse transindividual. Com isso, vislumbra-se a possibilidade de enxergar a ZOPA, no caso de autocomposição em conflitos dessa espécie, de maneira mais fluida, a depender da análise do caso concreto, de suas características técnicas e sociais e do delicado equilíbrio a ser estabelecido entre direitos de *status* constitucional que estejam em aparente conflito uns com os outros.

Assim, a zona de possível acordo terá, nessas situações, que ser analisada, sempre, à vista do caso concreto, de seu mapeamento, das alternativas técnicas e demais parâmetros, inclusive legais, de controle administrativo e judicial de condições de validade e de conteúdo de termos de compromisso de ajustamento de conduta.

Nesse sentido, vale observar a existência de três parâmetros de controle de compromissos de ajustamento de conduta que, sob o aspecto da possibilidade de sua eventual revisão ou rediscussão, também podem calibrar a identificação prática da viabilidade de inserção, ao menos de início, de determinadas

140 Também tratamos deste tema ao abordarmos o compromisso de ajustamento de conduta, no Capítulo I, item 3.2., *supra*.

propostas de acordo ou de encaminhamento dentro da zona de possível acordo.

O primeiro deles diz respeito a compromissos de ajustamento de conduta celebrados especificamente pelo Ministério Público. Nesse caso, há um mecanismo interno de revisão, previsto pela Lei da Ação Civil Pública (Lei Federal nº 7.347/1985), em seu art. 9º, § 3º e § 4º.

Tais compromissos, por importarem no arquivamento do procedimento que serviu de base para a apuração da lesão ou ameaça de lesão ao bem difuso ou coletivo, serão reexaminados pelo Conselho Superior da Instituição (no caso dos Ministérios Públicos Estaduais) ou pelas Câmaras de Coordenação e Revisão (no caso do Ministério Público Federal ou do Trabalho) juntamente com a promoção de arquivamento. Caso não haja homologação, será designado outro membro para a propositura de ação, com o que o compromisso celebrado será entendido por total ou parcialmente prejudicado.

Também é importante observar que se tem entendido que os compromissos de ajustamento de conduta representam uma *garantia mínima* (MAZZILLI, 1996, p. 316) de tutela de bens metaindividuais lesados ou ameaçados de lesão. Assim, diante da multiplicidade de legitimados adequados para a sua defesa, sempre se abrirá a possibilidade de propositura de ações civis públicas sobre o mesmo tema, com aumento da proteção e a possibilidade de imposição de novas obrigações que impliquem em tutela mais completa.

Por fim, mas não menos relevante, a inafastabilidade da apreciação judicial sobre quaisquer relações ou negócios jurídicos, consagrada pelo art. 5º, inciso XXXV da Constituição Federal, representa uma garantia sempre presente da possibilidade de revisão de quaisquer ajustes que versem sobre os direitos e interesses ora enfocados.

Como complemento das propostas de adequação das técnicas e ferramentas, cabem algumas considerações sobre a utilização, em conflitos difusos e coletivos, do *caucus*, da *pauta inicial por temas de menor tensão*, do *reforço positivo* ou *validação*, da *inversão de papéis* e da *negociação e mediação on-line.*

O termo *caucus* designa as *reuniões privadas* ou individuais entre mediador e uma das partes. Trata-se de uma ferramenta utilizada com grande frequência na prática, pois permite que o interessado, sem a presença dos demais envolvidos no conflito, esclareça de forma mais espontânea determinados pontos de vista e comportamentos, bem como, de outro lado, que seja estimulado a fazer reflexões acerca de ponderações especificas do mediador. Este, por sua vez, deve propiciar a necessária transparência a respeito, com bom senso e ponderação, bem como cuidar para que haja o equilíbrio entre número de reuniões e tempo respectivo, entre os diversos atores da controvérsia.

Na área de conflitos metaindividuais, tal ferramenta assume especial importância, na medida em que os casos concretos submetidos à autocomposição, na imensa maioria dos casos, serão caracterizados pela complexidade e multilateralidade. A própria organização dos temas, detalhes, conflitos e controvérsias sobre aspectos específicos e periféricos da disputa poderá ser facilitada com o uso adequado desse instrumento.

É interessante que, desde o momento do mapeamento do conflito, seja verificada a possível pertinência ou mesmo a necessidade de realização de reuniões privadas com os interessados, o que poderá auxiliar na programação dos trabalhos (ver proposta de metodologia para o mapeamento em dez passos, acima, passo 9.b)[141].

Ainda sobre o mesmo tema, ou a ele relacionado, cabe tratar brevemente da possibilidade de *identificação de assuntos, temas ou aspectos do conflito que, por se mostrarem de menor complexidade, menos polêmicos ou por envolverem menor tensão* entre as partes, poderão ser eleitos como ideais

[141] O Projeto de Lei nº 1.641/21 (de que também trataremos no Capítulo V, *infra*), entre os princípios da autocomposição coletiva, prevê, no inciso V do art. 37, "preservação de todos os interesses envolvidos, permitindo-se, se for o caso, a segmentação do grupo em subgrupos com representantes adequados que possam tutelar de modo adequado os respectivos interesses".

para que se dê, por eles, início às dinâmicas e ao processo autocompositivos.

As expectativas e a ansiedade criadas pelo conflito difuso ou coletivo, que apenas se potencializam na medida em que ele se escala por sua não resolução, recomendam que, quando do mapeamento de suas características, contornos gerais e aspectos específicos, se observe a existência de pontos de maior convergência ou menor tensão entre os envolvidos. Nas palavras de Almeida, possibilita-se, com isso, a construção de uma conjuntura mais propícia para que as partes adquiram confiança crescente no mediador e mesmo umas nas outras:

> Saneada a pauta subjetiva/comunicacional/relacional, caso seja uma modalidade de trabalho que confira ao mediador a possibilidade de coordenar o diálogo da maneira que considerar mais produtiva, este deve iniciar a negociação da pauta objetiva por temas que gerem menor tensão e sejam de interesse mútuo, com o franco propósito de criar um cenário favorável à construção de alternativas e de consenso. (ALMEIDA, 2014, p. 115)

E, mais adiante, completa a mesma autora:

> Caso essa meta seja atingida, a percepção, pelas pessoas envolvidas, de que podem construir um diálogo positivo e produtivo estimula a continuidade da negociação. Movidos pelo sucesso das negociações iniciais e empoderados pela constatação de sua capacidade de autocomposição, os mediandos podem contribuir positivamente para o sucesso de sua própria tarefa. (ALMEIDA, 2014, p. 116)

O *reforço positivo*, por sua vez, deve ser utilizado sempre que se mostrar interessante, em meio à construção ou reconstrução do diálogo, legitimar determinadas posturas de um dos interessados que possam levar a juízos negativos de valoração ou mal-entendidos. Na área de conflitos difusos e coletivos, pode significar a possibilidade de determinada postura aparentemente intransigente ser mais bem compreendida pelos demais interessados, abrindo-se as portas para uma mediação mais profícua.

Nesse sentido, parece ser especialmente relevante que se analisem de forma objetiva e compreensiva, *v.g.*, determinadas manifestações de representantes de órgãos públicos, sempre que se perceber que eventuais negativas ou resistências têm por inspiração a necessidade de se preservar os princípios e valores da responsabilidade fiscal, de forma a se abrir a discussão para possíveis alternativas e opções que levem isso em conta, permitindo-se, ainda, maior confiança por parte do administrador público na figura do mediador, ou mesmo, quando o caso, por parte dos demais interessados.

Com relação à *inversão de papéis*, parece ser importante observar que maiores serão os benefícios de sua utilização quanto mais complexo for o conflito e quanto maior for o número de variáveis nele presentes.

Com efeito, é apenas aparente, em conflitos metaindividuais, uma possível diferenciação com conflitos personalíssimos, como os de família, quanto ao afloramento de emoções e ressentimentos, dificultando que as partes visualizem a situação sob o ponto de vista das demais.

Também em disputas envolvendo direitos coletivos e difusos tal fenômeno poderá se verificar. Caberá ao mediador, ou ao próprio negociador, quando verificar que a introspecção de uma das partes poderá restringir seus panoramas de visão, prejudicando uma compreensão mais clara das razões das atitudes e posicionamentos tomados pelas demais, propor que faça um exercício de se colocar no lugar das outras, auxiliando-a a perceber seus pontos até então cegos nesse contexto.

Por fim, as *mediações on-line* estão expressamente previstas pelo art. 46 da Lei de Mediação (Lei Federal nº 13.140/ 2015)[142]. Mais uma vez, poderão assumir papel de enorme

[142] "Art. 46. A mediação poderá ser feita pela internet ou por outro meio de comunicação que permita a transação à distância, desde que as partes estejam de acordo."

relevância prática nos conflitos difusos, em razão da sua complexidade, multilateralidade e necessidade de análise e discussão de aspectos específicos, técnicos, periféricos e paralelos, o que certamente significará um aumento no número de encontros necessários durante as dinâmicas de exame e encaminhamento do caso.

Assim, a audiência de todos os interessados, ou de parte deles[143], quando da realização de encontros preliminares, *caucus*, de encontros com equipes técnicas multidisciplinares etc. sempre será facilitada pela utilização de ferramentas tecnológicas, como as plataformas de reunião à distância.

Em se tratando de conflitos metaindividuais, é intuitivo que a preparação dos envolvidos para uma abordagem autocompositiva será um tanto mais complexa, como regra, do que com relação a conflitos individuais.

É nesse contexto que imaginamos a criação de uma metodologia para tal preparação, dentro da dinâmica, no Ministério Público do Estado de São Paulo, imaginada para o funcionamento do Núcleo de Incentivo em Práticas Autocompositivas, na área de interesses difusos. Na estrutura de tal órgão, de cuja concepção participamos, idealizou-se a criação de Câmaras, compostas por integrantes da instituição com experiência e especialização nas diversas áreas de atuação transindividual, que analisarão os casos encaminhados para autocomposição, em apoio ao promotor de justiça natural, justamente no intuito de se propiciar um encaminhamento ou a criação desse *ambiente* favorável a uma abordagem diferenciada do conflito, voltada para a construção de soluções negociadas.

A proposta, dividida em sete itens, foi elaborada com base nas técnicas e ferramentas de negociação e mediação, já

---

143 Como já observado, o Projeto de Lei nº 1.841/21 (de que também trataremos no Capítulo V, *infra*), entre os princípios da autocomposição coletiva, prevê, no inciso V do art. 37, "preservação de todos os interesses envolvidos, permitindo-se, se for o caso, a segmentação do grupo em subgrupos com representantes adequados que possam tutelar de modo adequado os respectivos interesses".

tratadas neste trabalho, com um enfoque, desta feita, eminentemente prático[144].

1. Identificação dos interesses e posições

A *posição* é apontada, em negociação/mediação, como a postura externa adotada pelo interessado. Aquilo que ele diz pretender, ou aquilo que ele pede. Os *interesses* são o que está subjacente, e encontrar o que se encontra subjacente é o que realmente interessa para que uma negociação vá adiante. Veja-se o exemplo simples trazido por Roger Fisher e William Ury:

> "Considere a história de Mary Parker Follet sobre dois homens discutindo numa biblioteca. Um quer a janela aberta e o outro prefere fechada. Eles ficam argumentando sobre até onde abri-la: só uma fresta, pela metade, três quartos. Nenhuma solução satisfaz os dois.
>
> A bibliotecária entra e pergunta ao primeiro porque quer a janela aberta: 'para entrar um pouco de ar fresco'. Então pergunta ao segundo porque a quer fechada: 'por causa do vento'. Após pensar por um minuto, ela abre uma grande janela na sala ao lado, deixando entrar ar fresco sem vento algum.
>
> Para uma solução sensata, concilie interesses, não posições.
>
> A história acima é típica de muitas negociações. Como o problema parece ser um conflito de posições e o objetivo é concordar quanto a uma posição, as partes naturalmente tendem a pensar e falar sobre posições – e com isso muitas vezes caem num impasse" (2018, p. 63).

A experiência e conhecimento técnico dos integrantes das Câmaras pode auxiliar o promotor de justiça natural

[144] O autor teve, igualmente, assim como a proposta de metodologia para o mapeamento de conflitos difusos e coletivos, acima descrita, a oportunidade de apresentar também essa proposta para aplicação prática à Coordenação do *NUIPA Difusos* (Núcleo de Incentivo em Práticas Autocompositivas) do Ministério Público do Estado de São Paulo e aos coordenadores das Câmaras acima aludidas.

a, numa análise do caso concreto, verificar quais os reais interesses subjacentes às posições adotadas pelas partes num conflito – *inclusive as posições adotadas pelo próprio Ministério Público.*

Como destacado por Erica Ariel Fox (2013, p. 21), é importante, antes ou durante uma negociação ou mediação, nos indagarmos até que ponto nós mesmos funcionamos como um entrave à fluidez do diálogo ("O primeiro passo para superar sua lacuna de desempenho [*performance gap*, no original], é ver seu próprio papel nos resultados que você vem obtendo").

2. Propiciar uma análise isenta do caso, de forma a permitir a separação entre pessoas e problemas

Mais uma vez, a experiência e a vivência dos integrantes das Câmaras podem trazer um olhar aprofundado – e, importante dizer, isento – sobre o conflito no viés subjetivo.

Nesse sentido, é muito comum que, em razão de conflitos e casos passados, bem como em razão de nossas próprias convicções e julgamentos prévios, que naturalmente trazemos para o encaminhamento de um caso concreto, não tenhamos uma visão completa e objetiva sobre a situação e suas possíveis soluções. Assim, pouco importa, para uma análise cujo objetivo é possibilitar um encaminhamento autocompositivo futuro, se temos, de um lado, por exemplo, uma determinada classe de pessoas, um determinado movimento, representantes do poder público ou de uma empresa multinacional.

> "Um fato básico da negociação que costuma ser esquecido nas transações corporativas e internacionais é que você não está lidando com representantes abstratos 'do outro lado', mas com os seres humanos.
>
> Eles têm emoções e valores profundamente arraigados e origens e pontos de vista diferentes – e são imprevisíveis. São influenciados por seus vieses cognitivos, percepções parciais, pontos cegos e saltos ilógicos. Assim como nós.
>
> (...)

> Não ser capaz de lidar com os outros com sensibilidade, como seres humanos que têm reações humanas, pode ser desastroso para uma negociação. Não importa o que você esteja fazendo durante a negociação – desde a preparação até a fase de acompanhamento –, sempre vale a pena se perguntar: 'estou prestando atenção suficiente no problema de nível pessoal?'" (2018, p. 41).

3. Identificar os pontos de recuo e a melhor alternativa sem acordo

Casos complexos, repletos de variáveis, são extremamente difíceis de avaliar. As Câmaras, por meio da experiência, da vivência e do preparo técnico de seus integrantes, podem apoiar o promotor de justiça natural na identificação dos pontos em que a negociação deve ser abandonada (por exemplo, um ponto em que a indisponibilidade de um dos direitos metaindividuais em jogo seja efetivamente tangenciada, de modo a inviabilizar uma solução negociada).

Ocorre, no entanto, que muitas vezes a identificação desse ponto pode ser dificultada por uma visão restritiva ou enviesada.

Outras soluções e possíveis encaminhamentos, que não impliquem em violação à indisponibilidade de direitos, podem ser encontradas. Ou, então, ao contrário do que possa parecer à primeira vista, determinada proposta pode não implicar em disposição de direitos, desde que sofra um determinado ajuste. Também a *expertise* dos membros das Câmaras no momento da interpretação de aspectos de pareceres técnicos ou jurídicos (constitucionais, por exemplo) pode auxiliar o promotor de justiça natural a encontrar caminhos para a formulação de novas propostas ou contrapropostas que poderão render frutos em uma mesa de negociação.

A identificação clara e com perspectivas de prós e contras da melhor alternativa sem acordo (MASA) para o caso concreto e, possivelmente, uma verificação sobre as vantagens e desvantagens de judicialização (o que se coloca, particularmente, em casos estruturais) e da possível busca de acordo futuro para o caso diante do Poder Judiciário também são pontos em que os integrantes das Câmaras muito poderão contribuir no apoio ao promotor de justiça natural.

4. Produzir *opções* de encaminhamento

Um dos problemas mais sérios a restringir a possibilidade de soluções autocompositivas é enxergar o conflito como tendo apenas uma solução possível.

O surgimento de opções é importantíssimo para diminuir as distâncias entre posições e, mais importante, entre interesses. Mais uma vez, a experiência e o preparo técnico dos membros das Câmaras pode ser crucial nesse sentido, em apoio ao promotor de justiça natural.

5. Identificar pontos de menor atrito e de mais fácil encaminhamento, de modo a escalonar as abordagens ao conflito propiciando uma construção e um fortalecimento do diálogo. Identificar a necessidade de separação dos *stakeholders* em subgrupos

A construção do diálogo, ou a reconstrução de um diálogo rompido, ou mesmo o fortalecimento de um diálogo comprometido, pode depender de uma estratégia de abordagem da questão complexa iniciando-se por pontos em que não se verifique a presença de um atrito maior.

Com isso, as partes ganham maior confiança e as conversações ganham maior fluidez, de modo a, gradativamente, propiciar-se a possibilidade de uma abordagem a aspectos mais polêmicos da questão. Mais uma vez, pode ser crucial a experiência dos membros das Câmaras para tanto.

Também a possível separação dos interessados em subgrupos pode ser interessante para que se estabeleça uma sistemática de encaminhamento do diálogo, conforme o caso[145].

---

[145] O Projeto de Lei nº 1.641/21 (de que também trataremos no Capítulo V, *infra*), entre os princípios da autocomposição coletiva, prevê, como já comentado, no inciso V do art. 37, "preservação de todos os interesses envolvidos, permitindo-se, se for o caso, a segmentação do grupo em subgrupos com representantes

6. Auxiliar o promotor de justiça natural na avaliação sobre os métodos autocompositivos mais propícios para o caso, ou na eventual construção de um sistema próprio com mescla de métodos e técnicas[146]

A Câmara, com a análise e o mapeamento do caso concreto, poderá prestar apoio ao promotor de justiça natural para uma eleição, por exemplo, da negociação como método de abordagem autocompositiva do conflito, ou a mediação, a depender dos contornos do caso (destacando-se que, na negociação, não haverá a figura de um terceiro isento e imparcial como facilitador e fomentador do diálogo, ou seja, o mediador), ou mesmo na construção de um sistema próprio para o caso concreto, por exemplo, com fases de negociação e mediação para aspectos diferentes do conflito, judicialização quanto a aspectos mais urgentes, separação entre aspectos processuais (para tentativa de celebração de convenções processuais)[147] e de direito material, etc.

7. Garantir que, nos casos que serão encaminhados, quando for o caso, para *mediação*, os mediadores tenham a tranquilidade da abordagem ao caso com manutenção de sua imparcialidade

É evidente que o promotor de justiça natural terá, dentro do princípio da independência funcional, suas convicções a respeito do caso concreto. Isso deve ser mantido e, portanto, deve haver, sempre, cuidado por parte dos membros das Câmaras com a abordagem do caso, no sentido de não se "impor" involuntariamente uma determinada visão sobre o encaminhamento "correto" daquela situação conflituosa. A ponderação e o diálogo são sempre os melhores caminhos para que o promotor de justiça natural, que *presenta* a Instituição diante do caso, tenha à mão todas as possíveis visões e interpretações sobre os caminhos possíveis e viáveis para o conflito.

---

adequados que possam tutelar de modo adequado os respectivos interesses".

[146] Trataremos desse assunto, também, no Capítulo IV, item 1.3., *infra*.

[147] Trataremos do *design* de sistemas no Capítulo IV.

Também quando do encaminhamento para a mediação, quando o caso, é importante que seja, sempre, garantida a tranquilidade do mediador para que exerça sua função de forma totalmente imparcial.

Isso porque, embora conveniado com o NUIPA, uma vez aceita pelas outras partes como facilitador isento do diálogo, o mediador deverá ter garantida a execução de seu trabalho com perfeita observância dos princípios da mediação (arts. 2º da Lei de Mediação e 166 do CPC) e do Código de Ética do mediador (anexo III da Resolução nº 125/2010 – CNJ).

3. Mediação: confidencialidade e conflitos metaindividuais

A confidencialidade é prevista, tanto pelo Código de Processo Civil quanto pela Lei de Mediação[148], como um princípio da mediação.

A aplicação do princípio está disciplinada pelo art. 30 da Lei de Mediação, que, por sua importância, transcrevemos abaixo:

> Art. 30. Toda e qualquer informação relativa ao procedimento de mediação será confidencial em relação a terceiros, não podendo ser revelada sequer em processo arbitral ou judicial salvo se as partes expressamente decidirem de forma diversa ou quando sua divulgação for exigida por lei ou necessária para cumprimento de acordo obtido pela mediação.
>
> § 1º O dever de confidencialidade aplica-se ao mediador, às partes, a seus prepostos, advogados, assessores técnicos e a outras pessoas de sua confiança que tenham, direta ou indiretamente, participado do procedimento de mediação, alcançando:
>
> I – declaração, opinião, sugestão, promessa ou proposta formulada por uma parte à outra na busca de entendimento para o conflito;

[148] Código de Processo Civil, art. 166, *caput;* Lei nº 13.140/2015, art. 2º, inciso VII.

> II – reconhecimento de fato por qualquer das partes no curso do procedimento de mediação;
>
> III – manifestação de aceitação de proposta de acordo apresentada pelo mediador;
>
> IV – documento preparado unicamente para os fins do procedimento de mediação.
>
> § 2º A prova apresentada em desacordo com o disposto neste artigo não será admitida em processo arbitral ou judicial.
>
> § 3º Não está abrigada pela regra de confidencialidade a informação relativa à ocorrência de crime de ação pública.
>
> § 4º A regra da confidencialidade não afasta o dever de as pessoas discriminadas no *caput* prestarem informações à administração tributária após o termo final da mediação, aplicando-se aos seus servidores a obrigação de manterem sigilo das informações compartilhadas nos termos do art. 198 da Lei nº 5.172, de 25 de outubro de 1966 – Código Tributário Nacional.

Como exceção à regra geral, podem-se mencionar, portanto, informações relacionadas à prática de crime de ação pública e informações ao fisco.

A Resolução nº 125/2010, do Conselho Nacional de Justiça, também trata do assunto, ao prever que a confidencialidade será excepcionada quando houver "autorização expressa das partes, violação à ordem pública ou às leis vigentes".

Também dispõe sobre o assunto, mais especificamente no âmbito da mediação no Ministério Público (pelo que nos aproximamos das questões metaindividuais, diante, inclusive, da exposição de motivos e demais dispositivos do texto) a Resolução nº 118/2014, do Conselho Superior do Ministério Público. Tal norma trata a confidencialidade de maneira um pouco diferente, ao distanciar o princípio de uma roupagem de princípio geral, por *recomendá-lo, quando as circunstâncias assim exigirem,* e, especificamente, para a *preservação da intimidade dos interessados*:

> Art. 10. No âmbito do Ministério Público:
>
> (...)
>
> §2º A confidencialidade é recomendada quando as circunstâncias assim exigirem, para a preservação da intimidade dos interessados, ocasião em que deve ser mantido sigilo sobre todas as informações obtidas em todas as etapas da mediação, inclusive nas sessões privadas, se houver, salvo autorização expressa dos envolvidos, violação à ordem pública ou às leis vigentes, não podendo o membro ou servidor que participar da mediação ser testemunha do caso, nem atuar como advogado dos envolvidos, em qualquer hipótese.

Não há como ignorar, no entanto, que a legislação federal estabelece a confidencialidade como regra, de maneira que, na verdade, o que nos parece correto é a compatibilização do princípio – cuja importância para a mediação, no que diz respeito, inclusive, ao estabelecimento de pressupostos para a criação e manutenção do ambiente cooperativo e na relação de confiança entre o mediador e interessados – com o emprego da mediação na gestão de conflitos metaindividuais.

Antônio Marcos da Silva de Jesus, em percuciente artigo sobre o tema (2020, p. 124), destaca que a Resolução CSMPT nº 157, de 28 de agosto de 2018[149], traz importante contribuição para o tema, disciplinando que, no âmbito do Ministério Público do Trabalho, a confidencialidade é um princípio da mediação, mas, no entanto, que tal regra geral ficará excepcionada quando *as partes decidirem de forma diversa,* quando *o fato se relacionar a ofensa a direitos que devam ser defendidos pelo Ministério Público do Trabalho,* bem como quando *houver informação relacionada a crime de ação penal de iniciativa pública* (art. 7º, § 1º, incisos I a III).

[149] "Institui o Núcleo Permanente de Incentivo à Autocomposição - NUPIA e define diretrizes para a implementação da Política Nacional de Autocomposição no âmbito do Ministério Público do Trabalho."

A segunda hipótese traduz, ou engloba, situações em que se mencionar ou informar determinado fato que se relacionar à ofensa a direitos difusos, coletivos ou individuais homogêneos que devam ser tutelados pelo Ministério Público do Trabalho.

Acreditamos que o dispositivo soluciona devidamente a questão da confidencialidade sobre fatos que o Ministério Público deva, de ofício, investigar. Sobre eles, não deve, segundo a mencionada norma, incidir a confidencialidade.

A regra poderá, portanto, a nosso ver, desde que, antes do início do procedimento, nos termos do § 3º do mesmo dispositivo normativo do MPT, seja informado "às partes acerca das exceções à confidencialidade no âmbito do Ministério Público (...)", ser aplicada pelos demais ramos do Ministério Público e demais órgãos públicos, propiciando-se, assim, transparência e segurança para os interessados durante as dinâmicas de mediação, sem que se violem os princípios gerais previstos em lei e a necessidade de observância de deveres e missões institucionais previstos, da mesma forma, na legislação e na própria Constituição Federal.

CAPÍTULO IV

ASPECTOS TEMÁTICOS E SUJEITOS DA NEGOCIAÇÃO E DA MEDIAÇÃO DE CONFLITOS METAINDIVIDUAIS

1. Aspectos temáticos

1.1. Aspectos de direito material

Como regra, quaisquer conflitos difusos, coletivos ou individuais homogêneos podem ser encaminhados por meio da aplicação dos métodos autocompositivos. Como visto, os órgãos públicos colegitimados para a ação civil pública têm legitimidade legal para a celebração de compromissos de ajustamento de conduta, o que lhes confere a possibilidade de, uma vez constatada a lesao ou ameaça de lesão a um interesse transindividual, optarem por uma abordagem negocial, pela mediação etc.

O TAC, no entanto, não é o único instrumento existente à disposição de tais entes para a gestão de conflitos difusos e coletivos[150]. Ao Ministério Público, por exemplo, a lei confere

[150] O Projeto de Lei nº 1.641/21 (de que também trataremos no Capítulo V, *infra*) prevê, no § 1º do art. 37, a possibilidade do "uso de qualquer técnica, tais como consultas públicas, reuniões e audiências públicas, inclusive com o uso de meios eletrônicos" para a concretização dos princípios da autocomposição coletiva.

a possibilidade de instauração do inquérito civil e, durante seu trâmite, a realização de reuniões, audiências públicas[151] [152] e a expedição de recomendações[153], ferramentas que, entre outras, se bem e estrategicamente manejadas, inclusive dentro de um contexto de utilização de MASCs, podem levar a resultados concretos sem que se mostre necessária a celebração de compromissos de ajustamento de conduta.

Nesse sentido, surge a ideia de se encarar o inquérito civil não apenas como um instrumento de preparação do Ministério Público para a propositura de demandas judiciais ou mesmo para a celebração de compromissos de ajustamento de conduta, mas, sim, como um *instrumento resolutivo* (ou, como tem sido chamado, *inquérito civil resolutivo),* base para a concepção de sistemas específicos de gestão de conflitos[154].

Para tanto, é claro, surge a possibilidade de utilização estratégica dos métodos adequados de solução de conflitos e das técnicas de que tratamos neste trabalho, com ênfase na criação de

[151] Resolução CNMP nº 82, de 29 de fevereiro de 2012; Lei Federal nº 8.625/1993, art. 27, parágrafo único, inciso IV.

[152] Luciane Moessa de Souza (2012, p. 102), com base em ensinamento de Judith Innes e David Boher, adverte, no entanto, que "A simples realização de audiências públicas (as quais, como se sabe, não tomam decisões vinculativas para o poder público), propiciando um amplo debate e participação de todos os interessados, embora defendida com ardor por grande parte da doutrina, não garante que o diálogo ocorra de forma produtiva e que partes pouco dispostas a ouvir busquem construir soluções que contemplem todos os interesses em jogo".

[153] "A recomendação é instrumento de atuação extrajudicial do Ministério Público por intermédio do qual este expõe, em ato formal, razões fáticas e jurídicas sobre determinada questão, com o objetivo de persuadir o destinatário a praticar ou deixar de praticar determinados atos em benefício da melhoria dos serviços públicos e de relevância pública ou do respeito aos interesses, direitos e bens defendidos pela instituição, atuando, assim, como instrumento de prevenção de responsabilidades ou correção de condutas" (Resolução CNMP nº 164, de 28 de março de 2017, art. 1º; Lei Federal nº 8.625/1993, art. 27, parágrafo único, inciso IV; Lei Complementar nº 75/1993, art. 6º, inciso XX).

[154] Ver também item 1.3., *infra*. Sobre questões estruturais, trataremos brevemente, de forma específica, no item 1.2.2., *infra*.

um ambiente cooperativo entre os diversos interessados na questão objeto do inquérito com a finalidade de bem encaminhá-la[155].

O inquérito civil resolutivo, portanto, deixa de lado o paradigma de instrumento de investigação, na medida em que pode ser encarado, mais do que isso, como uma base para a gestão e a resolução do conflito metaindividual.

Feitas essas observações, retornemos à questão temática, ou seja, aos temas de direito material que poderão ser objeto da utilização da autocomposição. Como regra, conforme salientamos acima, quaisquer conflitos metaindividuais poderão ser eficientemente geridos por meio da utilização dos métodos autocompositivos[156].

Na área do meio ambiente natural, por exemplo, o encaminhamento de conflitos gerados por desastres ambientais, compreendendo as indenizações devidas, a reparação dos danos ambientais propriamente ditos (como a descontaminação e o reflorestamento de áreas, por exemplo) e a previsão de obrigações que impliquem no aperfeiçoamento de rotinas para a prevenção de danos são temas que podem ser eficientemente abordados pela utilização dos métodos autocompositivos.

A mesma linha de pensamento se aplica para conflitos envolvendo a preservação e a prevenção de danos relacionados ao meio ambiente construído, em que se vislumbra a possibilidade de discussão cooperativa a respeito de projetos de leis urbanísticas, aperfeiçoamento de rotinas de fiscalização acerca do parcelamento, uso e ocupação do solo urbano pelos munícipios, bem como na discussão de impactos para a cidade, consideradas as quatro funções sociais urbanísticas (circulação, trabalho, habitação, lazer) de projetos em empreendimentos e intervenções urbanísticas.

---

155 É claro que, por vezes, sempre a critério e de acordo com a estratégia estabelecida pelo promotor de justiça natural, deverão ser abandonados paradigmas mais, por assim dizer, maniqueístas, como o de encarar ou denominar determinados *stakeholders* como "investigados", por exemplo, o que permitirá, da parte deles, posturas menos defensivas e mais colaborativas.

156 Sobre a utilização de tutelas de urgência para garantia da efetividade dos métodos autocompositivos, ver Capítulo I, item 2.2., *supra*.

É evidente, ainda, a possibilidade de utilização bem-sucedida dos métodos em questão no encaminhamento de conflitos envolvendo direitos do consumidor, inclusive aqueles relacionados aos típicos direitos individuais homogêneos.

Na área de conflitos envolvendo direitos fundamentais, como a saúde, a educação, a moradia, entre outros – em que o aperfeiçoamento de políticas públicas e a discussão do emprego de recursos orçamentários adquirem especial dimensão e relevância, surgindo a necessidade de discussão e encaminhamento de questões estruturais, o emprego estratégico dos MASCs pode permitir o fomento, a capacitação e aperfeiçoamentos do que se vislumbra como uma nova cultura de concepção, ou de *design*, de sistemas de gestão de conflitos[157].

Além das soluções e encaminhamentos de conflitos transindividuais por meio de compromissos de ajustamento de conduta e outros institutos, como narrado neste trabalho, cumpre observar que, na área da defesa do patrimônio público, há previsão específica, diante das regras estipuladas pela Lei Federal nº 8.429/1192 (Lei de Improbidade Administrativa), cujo art. 17, § 1º foi alterado pela Lei nº 13.964/2019, para a celebração de *acordos de não persecução cível*.

O instituto, que tem causado intensa polêmica pela ausência de regulamentação (o art. 17-A, que a continha, foi vetado pelo Presidente da República) não se confunde com o compromisso de ajustamento de conduta, cuja finalidade é a reparação de um bem metaindividual lesado ou a prevenção de lesões a tal bem[158].

---

[157] Ver também o item 1.3., *infra*.

[158] A Resolução nº 179/2017 do CNMP, que regulamenta o compromisso de ajustamento de conduta, já previa, no entanto, antes da alteração legislativa que introduziu no ordenamento o acordo de não persecução cível, a possibilidade de "compromisso de ajustamento de conduta nas hipóteses configuradoras de improbidade administrativa, sem prejuízo do ressarcimento ao erário e da aplicação de uma ou algumas das sanções previstas em lei, de acordo com a conduta ou o ato praticado". Já a Resolução nº 1.193/2020, do Colégio de Procuradores do Ministério Público do Estado de São Paulo, por sua vez, trata o acordo de não persecução cível como um instrumento à parte do TAC, muito embora também sujeito a homologação pelo Conselho Superior da instituição, juntamente com

O acordo de não persecução cível se insere, de maneira mais marcante, na esfera jurídica *individual* do agente público, na medida em que seu objetivo é obter dele o compromisso de cumprir determinadas obrigações ou condições com o objetivo de se evitar o ajuizamento de ação de improbidade administrativa.

É claro que, dentre as obrigações que podem ser pactuadas com o agente interessado, poderão estar – e frequentemente estarão – pactuações que afetarão interesses metaindividuais, como por exemplo o patrimônio público, cuja recomposição poderá ser uma das condições do acordo de não persecução.

Como quer que seja, as técnicas de negociação, particularmente, podem se mostrar como ferramentas bastante úteis no contexto prático da celebração dos acordos em referência.

1.1.2. Questões estruturais

A origem dos litígios estruturais está nos Estados Unidos da América, no famoso caso *Brown v. Board of Education of Topeka*. Tal litígio, julgado na década de 1950 pela Suprema Corte daquele país, resultou em uma alteração no sistema educacional de ensino, que previa uma separação entre crianças negras e brancas[159]. Nos anos seguintes, também passou a se utilizar

a promoção de arquivamento do inquérito civil em que celebrado, ao prever que "Poderá ser celebrado compromisso de ajustamento de conduta, nos termos da Lei nº 7.347/85 (art. 5º, § 6º) e observada a regulamentação em vigor, *nas hipóteses em que o membro do Ministério Público, motivadamente, afastar a ocorrência de improbidade administrativa ou constatar a prescrição das sanções desta*, visando à recomposição do patrimônio público ou a correção de irregularidades" (destacamos).

159 É interessante anotar que, segundo James T. Peterson (2001, p. 60), a decisão favorável ao fim da discriminação no sistema educacional, pela Suprema Corte, foi facilitada pela presença do juiz-presidente Earl Warren, de espírito conciliador e praticante de uma escuta ativa e atenta perante seus colegas, o que transformou o perfil do colegiado nos meses anteriores à decisão: "Havia pouca dúvida, no entanto, de que Warren uniu uma corte muito dividida em 1953-1954. Naturalmente aberto e sociável, ele fazia questão de procurar seus novos colegas, muitas vezes passando por seus escritórios (em vez de chamá-los ao seu) para conversar. Ele era respeitoso e não fazia nenhum esforço para fingir que possuía o conhecimento jurídico de alto nível de homens autoconfiantes

a cultura de decisões estruturantes para litígios envolvendo o sistema prisional[160] e, nas décadas seguintes, disseminaram-se as intervenções judiciais no sistema de saúde e habitacional, entre outros[161].

No dizer de Camila Almeida Porfírio:

> (...) os litígios são chamados de 'estruturais' porque os tribunais se envolvem na gestão de estruturas administrativas e assumem certo nível de supervisão sobre instituições públicas (...).
> Com efeito, a decisão estrutural é aquela que busca realizar reformas em uma instituição, com o objetivo de concretizar um direito fundamental, efetivar determinada política pública ou resolver litígios complexos. (PORFÍRIO, 2018, p. 40)

No mesmo sentido a conceituação de Didier Jr., Zaneti Jr. e Oliveira:

> A decisão estrutural (*structural injunction*) é, pois, aquela que busca implantar uma reforma estrutural (structural reform) em um ente, organização ou instituição, com o objetivo de concretizar um direito fundamental, realizar uma determinada política pública ou resolver litígios complexos. Por isso, o processo em que ela se constrói é

como Frankfurter, Jackson, Douglas ou Black. Ele era cortês, gracioso, um ouvinte paciente e atencioso, bem como digno, sem ser de forma alguma pomposo. Em poucas semanas, ele conseguiu estabelecer relações cordiais com todos os seus colegas (...). Em dezembro de 1953, quando as audiências no caso de segregação começaram, a Suprema Corte já se transformava num colegiado mais harmônico e imbuído de propósito do que fora por um bom tempo" (tradução nossa).

160 Na jurisprudência brasileira, por meio de decisão contendo aspectos claramente estruturais, na ADPF 347, em 2015, o Supremo Tribunal Federal tratou do *estado de coisas inconstitucional* no sistema prisional do país.

161 Segundo Owen Fiss (2003, pos. 168), "O processo estrutural é aquele em que um juiz, confrontando uma burocracia estatal acerca de valores de dimensão constitucional, se compromete a reestruturar a organização para eliminar a ameaça a tais valores, imposta pelos atuais arranjos institucionais. A injunção é o meio pelo qual essas diretrizes reconstrutivas são transmitidas". As cortes, assim, "transformam radicalmente o *status quo,* para, efetivamente, reconstruir a realidade social" (tradução nossa).

> chamado de processo estrutural. (DIDIER JR.; ZANETI JR.; OLIVEIRA, 2017, p. 48)

A implementação ou o aperfeiçoamento de políticas públicas por meio de provimento judicial, muito embora, atualmente, se encontrem superados os entendimentos no sentido de sua impossibilidade[162], tem, historicamente, encontrado alguns obstáculos, relacionados com os limites entre a vinculação ou discricionariedade por parte do administrador público quanto à maneira de fazê-lo, questões orçamentárias e perplexidades ocasionadas por alegações de violação ao princípio da separação entre os poderes.

Há muito a doutrina e a própria jurisprudência têm encarado a efetivação de direitos e garantias fundamentais como objetivos em relação aos quais há possibilidade do reconhecimento de atuação ou omissão ilegal ou inconstitucional dos poderes públicos de todos os níveis, com a consequente viabilidade da imposição, via adjudicação jurisdicional, de obrigações de fazer, como, por exemplo, a inclusão de previsões orçamentárias e a implementação efetiva de políticas públicas.

De qualquer modo, todas essas questões preliminares são evitadas, ou ao menos mitigadas, ao se utilizarem métodos autocompositivos, ainda que tal se dê com a condução do órgão judiciário[163] [164].

---

162 De que também trataremos no Capítulo V, *infra*, prevê, para o âmbito das ações civis públicas ou ações coletivas, a possibilidade de sentenças que determinem "a alteração em estrutura institucional, pública ou privada, de natureza cultural, econômica ou social, a fim de adequar seu funcionamento aos parâmetros legais e constitucionais" e "a adequada correção do estado de fato de violação sistemática de direitos" (art. 26, § 5º, incisos I e II).

163 Aliás, "enquanto a efetivação das decisões proferidas em processos não estruturais se dá, normalmente, de forma impositiva, é comum que a efetivação da decisão estrutural se dê de forma dialética, 'a partir de um debate amplo cuja única premissa consiste em tomar a lide como fruto de uma estrutura social a ser reformada'. Também pode colaborar para a efetivação da decisão o dever de estimular a conciliação a qualquer tempo, inclusive na execução, mesmo que verse sobre relação jurídica que não tenha sido deduzida em juízo e envolvendo sujeito estranho ao processo (arts. 3, § 3º e 515, § 2º, CPC)" (DIDIER JR. *et al.*, 2017, cit.).

164 Em seu voto na já mencionada medida cautelar na ADPF 347, o Ministro Marco Aurélio, do Supremo Tribunal Federal, consignou ser papel do STF retirar os

Pela própria natureza das dinâmicas de construção de soluções que caracterizam a aplicação de tais métodos, e pelos contornos negociados dessas soluções, entraves meramente formais acabam sendo questões menores, dentro de determinados parâmetros, uma vez que seja bem-sucedida a formação de um ambiente de cooperação, ou, ao menos, de transparência e confiança mútua.

No dizer de Luciane Moessa de Souza:

> Dada a maior complexidade que envolve os conflitos coletivos, quais sejam, aqueles trazidos a juízo em ações populares, ações civis públicas ou outras ações coletivas, seja pelo fato de que atingem um pluralidade de titulares de direitos no polo ativo e, normalmente, no polo passivo, podem envolver mais de um órgão público que tenha competência na proteção desses direitos (algumas vezes de mais de uma esfera da Federação), seja pelo fato de que muitos destes conflitos são multifacetados, envolvendo direitos fundamentais que estão em conflito com outros direitos também de natureza fundamental, coloca-se como absolutamente desafiadora para o Poder Judiciário a perspectiva de realizar a sua adequada ponderação obtendo uma solução que seja ao mesmo tempo viável e juridicamente aceitável. Em razão do seu potencial para gerar um diálogo que propicie o esclarecimento de interesses convergentes e divergentes, bem assim para permitir a exploração de soluções que atendam a todos os interesses legítimos, a mediação se afigura, assim, como o instrumento apropriado para a busca de uma solução que, além de preencher os requisitos jurídicos cabíveis, seja efetivamente construída e aceita por todos os envolvidos, gerando assim seu comprometimento com a implementação. (SOUZA, 2012, p. 99)

"demais Poderes da inércia, catalisar os debates e novas políticas públicas, coordenar as ações e monitorar os resultados".

Também é interessante, nesse campo – e talvez mereça maior atenção na prática – a aplicação do princípio constitucional administrativo da *eficiência*[165].

Com efeito, a comprovação de que determinado plano de ação ou política pública – ou a ausência deles – com relação, por exemplo, à concretização ou observância de um direito social ou fundamental (independentemente de a hipótese ser ou não, a depender de outros fatores, de responsabilização do gestor público), pode e deve abrir ensejo ao controle judicial por meio de ação coletiva.

O objetivo de demandas desse tipo, limitando-se a pretensão a melhorias na execução das ações do poder público para a garantia de direitos não será, portanto, vale sublinhar, punitivo[166], já que a lide terá por objeto a pretensão resistida ao que se acredita ser um possível aprimoramento em determinada política pública.

Também aqui o emprego dos métodos e técnicas de gestão consensual de conflitos pode significar um ganho para a defesa de direitos socialmente relevantes.

Aliás, de se ressaltar que a própria e efetiva existência de uma *lide,* no sentido técnico-processual, não se mostra necessária, na medida em que é plenamente possível que se abra o diálogo e se instaurem discussões abertas e produtivas sobre possíveis aprimoramentos em políticas públicas, desde que se mostre bem-sucedida a construção de um ambiente cooperativo e uma relação de confiança entre os *stakeholders*.

---

165 Emenda Constitucional nº 19/98 (Constituição Federal, art. 37, *caput).*

166 Nesse sentido, com apoio na doutrina de Abram Chayes, Camila Almeida Porfírio (2018, p. 41) indica que as medidas estruturais "não são ordenadas como uma compensação por um erro pretérito, como nos casos de responsabilidade civil, e não têm seus efeitos restritos às partes; em vez disso, as ordens (estruturais) são voltadas para o futuro, são elaboradas de forma *ad hoc* em linhas amplas e flexíveis, e produzem efeitos importantes para muitas pessoas, incluindo aquelas que não participaram do processo".

Assim, os métodos consensuais podem ser tranquilamente inseridos entre as formas de obtenção de soluções estruturais para casos complexos[167]:

> É importante ressaltar que a denominação 'Processo Coletivo Estrutural' adotada no presente trabalho engloba os dois sistemas de acesso à justiça previstos constitucionalmente: o sistema de acesso por adjudicação e também o sistema de resolução consensual de conflitos. (LIRA, 2019, p. 41)

A doutrina aponta, ademais, conforme acima referido, que a *efetivação* das decisões (o que também se aplica aos resultados consensuais) estruturais depende de participação plural, dos diversos interessados no litígio ou conflito, diante da natural complexidade das relações e das dinâmicas, e das múltiplas variáveis que caracterizam tais situações. Isso também é facilitado pelo emprego dos métodos adequados de solução de conflitos, como visto neste trabalho.

Nesse sentido, Adriana Costa Lira (2019, p. 67) aponta para a importância da atuação do Ministério Público, em razão de seu perfil e missão institucionais, em todas as fases da elaboração e da implementação de políticas públicas para o enfrentamento de situações de estado de coisas inconstitucional.

Adverte, no entanto, à luz, inclusive, do quanto disposto na Carta de Brasília, documento que "explicita premissas para a concretização do compromisso institucional de gestão e atuação voltadas à atuação resolutiva, em busca de resultados de transformação social, prevendo diretrizes estruturantes do MP, de atuação funcional de membros e relativas às atividades de avaliação, orientação e fiscalização dos órgãos correcionais"[168],

---

167 Abalizada doutrina aponta, aliás, como uma das características principais dos remédios estruturais, o fato de que "(as medidas estruturais) não são impostas, e sim negociadas" (PORFÍRIO, 2018, p. 41) – o que se verifica, como se verá logo adiante, na fase de efetivação das medidas.

168 Disponível em: https://www.cnmp.mp.br/portal/institucional/corregedoria/carta-de-brasilia.

que "o diálogo deve permear todas as fases do processo" (LIRA, 2019, p. 70).

1.2. Convenções processuais e protocolos pré-processuais

A forma e sequência dos atos processuais e ônus e deveres das partes, modernamente, passaram a ser enfocados como objeto de certa maleabilidade – abandonando-se, nas palavras de Luhmann[169], uma concepção *ritualística,* possibilitando-se que, sempre tendo por base as garantias constitucionais, sejam, de certa forma, ajustados conforme o caso concreto –, com ênfase cada vez maior em sua instrumentalidade. Assim, no dizer de Dinamarco:

> Cada ato do procedimento há de ser conforme a lei, não em razão de estar descrito na lei nem na medida do rigor das exigências legais, mas na medida da necessidade de cumprir certas funções do processo e porque existem as funções a cumprir. Daí a grande elasticidade a ser conferida ao princípio da *instrumentalidade das formas,* que no tradicional processo legalista assume o papel de válvula do sistema, destinada a atenuar e racionalizar os rigores das exigências formais; no processo marcado pela liberdade das formas, o princípio da instrumentalidade tem a importância de parâmetro da própria liberdade e serve para amparar o respeito às garantias fundamentais, como penhor da obtenção dos resultados e, portanto, da validade do ato. (DINAMARCO, 2003, p. 157)

A menção à instrumentalidade como parâmetro da liberdade – ou seja, no sentido em questão, do aumento das margens dentro das quais se mostra possível atuar validamente – encontra eco no pensamento de Zygmunt Bauman, para quem o

---

[169] Citado por Cândido Rangel Dinamarco, que afirma que "A liberdade das formas, deixada ao juiz entre parâmetros razoavelmente definidos e mediante certas garantias fundamentais aos litigantes é que, hoje, caracteriza os procedimentos mais adiantados" (2003, p. 155).

sentimento de liberdade pressupõe um equilíbrio dentro do qual a imaginação e as pretensões do indivíduo não ultrapassam os limites de sua capacidade de agir. Segundo o renomado sociólogo e filósofo, há duas maneiras diferentes de se atingir esse equilíbrio: "ou diminuindo, podando os desejos e/ou a imaginação, ou *expandindo a capacidade de agir*" (BAUMAN, 2012, pos. 749, destacamos; tradução nossa).

E é justamente entre essas duas possibilidades de colocação que as partes, e o próprio órgão julgador, se encontram dentro da relação processual, no que diz respeito às maneiras de atuar para obediência ao procedimento. Ou se adequam de forma rígida às regras preestabelecidas, experimentando uma menor adequação do rito ao caso concreto, com riscos a uma diminuição da efetividade do processo diante do direito material em disputa, ou então procuram adaptar as regras procedimentais ao litígio em discussão, para a obtenção de uma solução que se mostre mais rápida ou mais adequada.

A possibilidade do estabelecimento, pelas partes, sob supervisão do juiz, de regras procedimentais próprias a uma determinada demanda, nos termos do art. 190, *caput,* do Código de Processo Civil[170], é um desdobramento (NERY, 2020, p. 688)[171] do princípio da cooperação, estabelecido, entre nós, pelo art. 6º do mesmo diploma[172]. Assim:

> (...) o novo Código adotou a teoria dos negócios jurídicos processuais, por meio da qual se conferiu certa flexibilização procedimental ao processo, respeitados os princípios constitucionais, de sorte a que se consiga dar maior efetividade ao direito material discutido. Assim é

[170] "Versando o processo sobre direitos que admitam autocomposição, é lícito às partes plenamente capazes estipular mudanças no procedimento para ajustá-lo às especificidades da causa e convencionar sobre os seus ônus, poderes, faculdades e deveres processuais, antes ou durante o processo."

[171] No mesmo sentido, Theodoro Júnior, 2016, p. 243.

[172] "Todos os sujeitos do processo devem cooperar entre si para que se obtenha, em tempo razoável, decisão de mérito justa e efetiva".

> que disciplina a possibilidade de mudança procedimental pelas partes no art. 190 e seu parágrafo único. (THEODORO JÚNIOR, 2016, p. 243)

A *flexibilização* procedimental, portanto, acolhida pelo legislador pátrio para o processo civil, permite que se busque uma adequação do procedimento ao caso concreto, aumentando-se a perspectiva de uma prestação jurisdicional mais eficiente[173].

As convenções processuais, portanto, diferem da prática de meros atos processuais, pois consistem em ajustes ou acordos feitos pelas partes, com o fito de produzir efeitos processuais fora de moldes e categorias já previstos na lei processual[174].

Não consistem elas, no entanto, numa especial novidade trazida pelo diploma processual civil de 2015. Na arbitragem, por exemplo, é ampla a liberdade das partes na escolha do procedimento a ser adotado, que comumente, inclusive, é extraído de legislações estrangeiras:

> Segundo a Lei de Arbitragem, as partes têm liberdade de escolher o direito – material e processual – aplicável à solução da controvérsia, podendo optar pela decisão por equidade ou ainda fazer decidir o litígio com base nos princípios gerais de direito, nos usos e costumes e nas regras internacionais do comércio.
>
> (...)
>
> Em sede de arbitragem, porém, muitos problemas são resolvidos com a expressa escolha da lei aplicável pelas próprias partes, de tal sorte que o árbitro não terá que recorrer às regras de conflitos de leis para estabelecer a norma que regerá o caso concreto. Faz-se mister frisar

173 Nesse sentido, NEITZKE, 2020, pos. 506.

174 "Os negócios jurídicos processuais têm o condão de permitir que as partes escolham os efeitos que os acordos devem produzir, o que os distingue dos atos processuais *stricto sensu*, que não possuem essa qualidade, pois seus efeitos já estão previstos *ex lege*. Assim, se a pretensão das partes em escolher ou moldar os efeitos de um ato processual for possível, pode-se afirmar que se está diante de uma convenção processual" (NEITZKE, 2020, pos. 1233).

> que as "regras de direito", a que se refere o art. 2º, § 1º, são tanto de direito material quanto processual: quanto às regras de direito processual, nada impede que as partes criem normas específicas para solucionar o litígio, reportem-se às regras de um órgão arbitral institucional ou até mesmo adotem as regras procedimentais de um código de processo civil estrangeiro. (CARMONA, 2009, p. 15)

Nélson Nery Júnior e Rosa Maria de Andrade Nery (2020, p. 692), em comentário ao mesmo art. 190, apontam os conteúdos possíveis dos acordos nele baseados (envolvendo ônus, poderes, faculdades e deveres processuais): a) estabelecimento de cronologia para o procedimento; b) cláusula sem recurso bilateral[175]; c) estipulação de renúncia ao direito de interpor recurso; d) dispensa de determinada prova; e) distribuição do ônus da prova; f) estabelecimento de foro; g) cláusula compromissória[176]; h) estabelecimento de cláusula *solve et repete;* i) determinação do direito aplicável à hipótese ou decisão por equidade[177].

É claro que, ao dispor o art. 190 do Código de Processo Civil, como requisito para a celebração de convenções processuais, que o litígio admita composição, não estão excluídos da aplicação do instituto conflitos que digam respeito a interesses metaindividuais[178].

---

175 Uma característica natural dos processos arbitrais, em que, como regra, não há recurso, ressalvada a possibilidade de as partes pactuarem de modo diferente ("A experiência internacional revela que não é usual a previsão de duplo grau de jurisdição em sede arbitral, já que tal previsão acabaria por aumentar tanto a duração do processo como os seus custos" (CARMONA, 2009, p. 270).

176 Ver *arbitragem,* no Capítulo II, item 1.2., *supra.*

177 Hipóteses, igualmente, típicas da arbitragem (Lei Federal nº 9.307/1997, arts. 2º, §§ 1º e 2º e 11, inciso II).

178 Tratamos da questão da indisponibilidade de direitos transindividuais nos itens I.*3.2.* e III.2., *supra.* Para Pinho e Mazzola (2019, p. 197), "com o advento do CPC (arts. 165 e 334, § 4º) e da Lei de Mediação (art. 3º, § 2º da Lei n. 13.140/2015), não há mais dúvida quanto à possibilidade de composição em direitos indisponíveis". Segundo os mesmos autores, contemporaneamente, "a abrangência do direito indisponível que não admite autocomposição deve ser reduzida às hipóteses nas quais haja vedação expressa ao acordo, ou quando a disposição violentar um direito fundamental do cidadão" (PINHO; MAZZOLA, 2019, p. 197).

A possibilidade aberta pela autorização legal da celebração de convenções processuais, portanto, pode ser muito bem aproveitada no encaminhamento consensual de conflitos difusos. Nesse sentido, podem ser estabelecidas, por meio de cláusula em compromisso de ajustamento de conduta, regras procedimentais específicas (para a fase de execução das obrigações de fazer ou de abstenção, por exemplo).

O estabelecimento de protocolos pré-processuais também deve estar no horizonte do negociador de conflitos difusos e coletivos *lato sensu*. Como exemplo, a possibilidade de se estabelecer com os demais *stakeholders* (poder público, atores privados, organizações da sociedade civil etc.) a prévia realização de troca de provas, como meio de estímulo à cooperação e à transparência, de reuniões de trabalho e audiências públicas ou mesmo de uma fase de negociação ou mediação antes de eventual propositura de demanda judicial.

Todas essas possibilidades e o amplo espectro de técnicas, métodos e conteúdo de autocomposição acabam por tornar viável, para os órgãos e instituições legalmente destinados à tutela de interesses transindividuais, a gestão e encaminhamento de conflitos por meio de *design* de sistemas.

1.3. Criação de sistemas de gestão e resolução de conflitos ("systems design")

É possível perceber, da leitura deste trabalho, que o manejo das técnicas e métodos autocompositivos, na gestão de conflitos difusos e coletivos, deve sempre ter em conta seu caráter instrumental. Isso se mostra ainda mais evidente – e relevante – se pensarmos na complexidade que, em regra, caracteriza tais conflitos.

Uma eventual mescla[179] de tais ferramentas, dentro de uma lógica concebida especialmente para um determinado tipo

[179] "Muitos observadores agora veem tal experimentação como tendo atingido maturidade e sofisticação suficiente para que possamos falar dela como uma forma de 'design de sistemas'. Nessa perspectiva, quando um advogado ou

de conflito, pode ser um caminho bastante interessante para sua resolução.

Um *sistema*, no dizer de Donella H. Meadows:

> (...) é um conjunto interconectado de elementos que são organizados de forma coerente, de maneira a realizar um objetivo. Se você observar essa definição de perto por um minuto, verá que um sistema deve consistir em três tipos de coisas: elementos, interconexões e uma função ou propósito. (MEADOWS, 2008, pos. 288, tradução nossa)

A utilidade da concepção de sistemas para gestão de conflitos determinados está em que as características próprias de tais conflitos serão levadas em consideração em tal concepção, de forma que o potencial resolutivo das técnicas, métodos e ferramentas de gestão empregados seja aproveitado ao máximo.

Não é especialmente difícil imaginar, por exemplo, a utilização de *degraus*, ou *etapas* pelas quais o manejo da situação conflituosa deva gradativamente passar, a partir do emprego de um método mais simples e direto (como, por exemplo, uma tentativa de negociação imediata e informal), para então, à medida em que a controvérsia, porventura, persistir, caminhar-se na utilização de outros métodos, como a tentativa de conciliação, de mediação, até um momento em que a adjudicação (seja pela submissão do conflito à jurisdição estatal, seja por sua submissão à arbitragem) se mostre necessária.

Trata-se, apenas, é claro, de um exemplo de um tipo de sistema de manejo que é bastante comum. Mas, mesmo dentro dessa concepção, é possível que se imaginem particularidades

---

algum outro especialista em resolução de conflitos cria um *novo método* que se adapta mais de perto às necessidades percebidas das partes, usando uma *combinação* de várias formas de intervenção em um novo *mix* processual, para atender tal objetivo, ele ou ela está frequentemente *projetando um novo sistema* de forma que (espera-se) acabe por constituir um melhor 'fórum para o rebuliço' em questão" (PALMER; ROBERTS, 2020, pos. 6936, tradução e destaques nossos).

de funcionamento e de estrutura, e aperfeiçoamentos, que permitam maior eficiência na gestão de conflitos.

No âmbito da atuação dos legitimados extraordinários para a defesa extrajudicial dos interesses metaindividuais, pode-se conceber, por exemplo, a criação de sistemas de gestão de ameaças de lesão a tais interesses que se iniciem pela realização de um diagnóstico preliminar, seguido de uma análise técnica inicial e de reuniões de trabalho com os possíveis responsáveis pelas condutas ou práticas lesivas em questão e demais *stakeholders*, se o caso, acompanhadas, quando pertinente, da expedição de recomendações e posterior acompanhamento[180]. Num segundo momento, uma etapa de tentativa de negociação, para o formal estabelecimento, *v.g.*, de obrigações de fazer ou não fazer que resultem na prevenção efetiva de danos. E assim por diante.

Outro exemplo bastante comum e interessante é denominado de "MedArb". Consiste na inserção, em contrato, de cláusula compromissória por meio da qual as partes convencionam que eventuais controvérsias decorrentes daquele contrato serão submetidas, necessariamente[181], primeiro à mediação e, caso não solucionado o conflito, à arbitragem[182].

Um verdadeiro *design* de um novo sistema, ou um sistema próprio de resolução de conflito, no entanto, deve, segundo nos parece, passar por um conhecimento o mais detalhado possível

[180] Sobre a eventual necessidade de medidas de urgência, remetemo-nos ao Capítulo I, item 2.2.

[181] Lei de Mediação, art. 2º, § 1º: "Na hipótese de existir previsão contratual de cláusula de mediação, as partes deverão comparecer à primeira reunião de mediação".

[182] Segundo Michael Palmers e Simon Roberts, "(...) as vantagens percebidas de combinar mediação com arbitragem levaram a um renascimento dessa abordagem, e várias inovações procedimentais foram projetadas para superar algumas das dificuldades envolvidas. A partir da década de 1970, argumentos foram apresentados para dar suporte ao uso da mediação-arbitragem em uma variedade de contextos de disputa" (2020, pos. 7207). Os autores advertem, no entanto, para a total inconveniência de se confundirem, na mesma pessoa, as duas funções.

dos contornos[183] do conflito (ou de um determinado tipo de conflito[184]), bem como pelo uso da multidisciplinaridade, da interdisciplinaridade e de criatividade.

Em obra já clássica, aliás ("Getting Disputes Resolved – Designing Systems to Cut the Costs of Conflict", Jossey-Bass Publishers, 1988), William L. Ury, Jeanne M. Brett e Stephen B. Goldberg mencionam as etapas (desde o diagnóstico do sistema já usado e que eventualmente necessite de aperfeiçoamentos ou substituição, passando, durante a engenharia e concepção do novo sistema, pela aplicação de princípios básicos) destinadas à tarefa de se desenhar um sistema eficiente de resolução de disputas. Trata-se, portanto, de atividade que, há décadas, conta com estudos metodológicos que podem facilitar o gestor de conflitos nessa tarefa.

Em conflitos difusos, diante de sua complexidade intrínseca, é perfeitamente possível imaginar o desenho de sistema para resolução de um conflito específico, que, é claro, poderá ser depois utilizado e aperfeiçoado para a gestão de conflitos semelhantes:

> O que diferencia conflitos ambientais de muitos outros tipos de disputas é que um único caso de resolução de conflito ambiental pode servir como um sistema de

---

183 "Nesse sentido, a perspectiva sistêmica aqui proposta implica a compreensão abrangente do problema, para diagnosticar e entender, de maneira contextual, as partes, interesses e objetivos em jogo, as características das disputas, os canais e mecanismos em prática e as estratégias para estruturação, implementação e constante avaliação de um novo sistema, que deverá ter produção e qualidade suficientes para prosperar em um amplo mercado de opções procedimentais" (FALECK, 2020, p. 30).

184 "O *design* de sistema de disputa (DSD) se concentra em identificar as opções ideais para prevenir, gerenciar ou resolver um tipo específico de disputa. Essas opções incluem tanto *designs* mais novos como tradicionais. O litígio e a adjudicação ocorrem em tribunais e agências administrativas; estes também são DSDs e estão evoluindo com o advento da advocacia colaborativa e dos tribunais de solução de problemas. As inovações em andamento incluem parceria, negociação regulatória, *ombuds* organizacionais e processos e plataformas online" (AMSLER *et al.*, 2020, pos. 373, tradução nossa).

> disputa em si mesmo. (AMSLER *et al.*, 2020, pos. 6715, tradução nossa)

E, nesse sentido, podem vir, em socorro dos idealizadores do sistema, as ferramentas e concepções de *design thinking,* entendido, aqui, como um método criativo de concepção de um produto final pensado para atender efetivamente a uma determinada necessidade. A *cooperação* e a *interdisciplinaridade*[185], além da *empatia* e do *pensamento integrativo*[186], são expressamente mencionados por Tim Brown (2020, pos. 179) como características importantes nesse processo.

Os pontos de contato com o emprego das técnicas já destacadas neste trabalho, tanto de negociação como de mediação, parecem bastante óbvios. Assim, na própria criação e engenharia de um sistema de gestão ou de resolução de conflitos, a adequada e consciente utilização dos métodos autocompositivos é uma poderosa ferramenta para obtenção de qualidade e de adequação.

Para conflitos metaindividuais, aqui entendidos como conjunturas de lesão ou ameaça de lesão a interesses difusos, coletivos ou individuais homogêneos, propõe-se, a seguir, um

---

185 "A crescente complexidade de produtos, serviços e de experiências substituiu o mito do gênio criativo solitário pela realidade do colaborador interdisciplinar entusiasmado. Os melhores pensadores de design não trabalham simplesmente ao lado de outras disciplinas; muitos deles têm experiência significativa em mais de uma" (tradução nossa).

186 "Empatia – eles podem imaginar o mundo de várias perspectivas – as de colegas, clientes, usuários finais e clientes (atuais e futuros). Ao adotar uma abordagem do tipo 'as pessoas primeiro', os *design thinkers* podem imaginar soluções que são inerentemente desejáveis, e que atendam a necessidades explícitas ou latentes. Os grandes pensadores do design observam o mundo nos mínimos detalhes. Eles percebem coisas que os outros não percebem e usam seus insights para inspirar inovação.

Pensamento integrativo – eles não dependem apenas de processos analíticos (...), mas também exibem a capacidade de ver todos os aspectos salientes – e às vezes contraditórios – de um problema confuso e criar soluções novas que vão além, melhorando dramaticamente as alternativas existentes" (tradução nossa).

possível fluxo de informações, dinâmicas e interrelações tendente ao design de um sistema de gestão ou resolução.

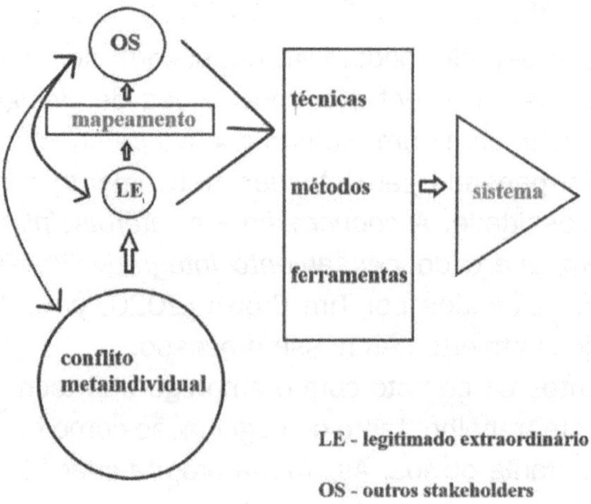

2. Atuação dos legitimados extraordinários na negociação e mediação de conflitos metaindividuais. Papel dos mediadores

Como já referido anteriormente, a tutela extrajudicial de interesses difusos, coletivos e individuais homogêneos está reservada, ao menos se quisermos nos balizar pela possibilidade de obtenção de títulos executivos extrajudiciais, aos órgãos públicos legitimados para a celebração de compromissos de ajustamento de conduta. É essa a conclusão que se extrai do disposto no art. 5º, § 6º da Lei da Ação Civil Pública.

Quando, na busca de resolução de conflitos dessa espécie, o legitimado extraordinário se sentar diretamente com os demais interessados, sem a presença de um terceiro facilitador, seus representantes, portanto, estarão a participar de um processo de negociação. É interessante notar que entre os demais interessados, aliás, poderão estar outros legitimados extraordinários.

Imagine-se, por exemplo, um conflito entre o Ministério Público, na condição de instituição voltada à defesa dos interesses sociais ou difusos, ou a Defensoria Pública, atuando na defesa de direitos difusos de hipossuficientes, de um lado, e a União, ou um Estado, ou Município, de outro.

A negociação, aliás, segundo nos parece, pode ser encarada como o método mais imediato à mão dos colegitimados para a gestão ou resolução pactuada, consensual ou colaborativa de conflitos coletivos *lato sensu*, sem prejuízo, é evidente, da utilização da mediação, sempre que se fizer pertinente ou mesmo necessário, ou dos diversos outros métodos já mencionados neste trabalho.

Como já aludido, no entanto, o uso racional e proveitoso da negociação parte da ideia, consagrada pelo Projeto de Negociação de Harvard, da *negociação baseada em princípios*.

O emprego de conceitos como o do mapeamento do conflito, da separação entre pessoas e problemas, da identificação de interesses e posições, da criação de opções etc., de uma maneira intencional, racional e de forma a se criarem aprendizados e metodologias de trabalho para uma maior eficiência, deve partir, a nosso ver, de dois alicerces: a *capacitação* de membros e representantes, de um lado e, de outro, paralelamente, uma *mudança de cultura* dentro de cada órgão ou instituição.

A capacitação em técnicas e na principiologia da negociação permite uma abertura clara de horizontes funcionais e profissionais, pela ênfase no emprego prático de conceitos como o da cooperação, da boa-fé, da transparência, do diálogo baseado na escuta ativa e no respeito e na busca de soluções que impliquem em ganhos mútuos. Com isso, permite-se, em paralelo, uma gradual mudança cultural na maneira de atuar de organizações e indivíduos, com prestígio ao diálogo e à cooperação.

Muito já se avançou. Em cumprimento ao disposto no art. 32 da Lei de Mediação, órgãos públicos (alguns de maneira mais pioneira[187], outros como desdobramento dessa gradual

[187] A CCAF/AGU (Câmara de Mediação e de Conciliação da Administração Pública Federal), por exemplo, foi inicialmente criada pelo Ato Regimental AGU nº 05, de 27 de setembro de 2007, como "Câmara de Conciliação e Arbitragem da Administração Federal".

mudança cultural) criaram suas câmaras de prevenção e resolução administrativa de conflitos, de início, muitas vezes, para a gestão, via negociação e mediação, de controvérsias entre entes diversos da administração pública. Essas iniciativas, como mencionado, permitem que se acumulem experiência, *know-how* e aprendizados que, além de servirem como estímulo para a aplicação de métodos autocompositivos em conflitos de outras espécies[188], atuam como catalisadores no fomento e difusão de tais práticas.

No âmbito do Ministério Público, como já referido anteriormente, a matéria já encontra regulamentação na Resolução nº 118/2014[189], bem como na também já mencionada "Carta de Brasília". Seguiram-se resoluções próprias do Ministério Público do Trabalho[190] e de diversos Ministérios Públicos Estaduais[191].

---

188 Os incisos do art. 32 da Lei de Mediação preveem a competência das câmaras para "avaliar a admissibilidade dos pedidos de resolução de conflitos, por meio de composição, no caso de controvérsia entre particular e pessoa jurídica de direito público" (inciso II) e "promover, quando couber, a celebração de termo de ajustamento de conduta" (inciso III). O § 5º prevê que "Compreendem-se na competência das câmaras de que trata o caput a prevenção e a resolução de conflitos que envolvam equilíbrio econômico-financeiro de contratos celebrados pela administração com particulares". O parágrafo único do art. 33 dispõe que "A Advocacia Pública da União, dos Estados, do Distrito Federal e dos Municípios, onde houver, poderá instaurar, de ofício ou mediante provocação, procedimento de mediação coletiva de conflitos relacionados à prestação de serviços públicos".

189 Que "dispõe sobre a Política Nacional de Incentivo à Autocomposição no âmbito do Ministério Público e dá outras providências".

190 Resolução CSMPT n. 157, de 28 de agosto de 2018, que criou "o Núcleo Permanente de Incentivo à Autocomposição (NUPIA) e definiu diretrizes para a implementação da Política Nacional de Autocomposição no âmbito do Ministério Público do Trabalho".

191 Como exemplos: Ato PGJ nº 19, de 12 de junho de 2015 (revogado pelo Ato 21, de 3 de julho de 2019, que reformulou o núcleo de incentivo em autocomposição – Ministério Público do Estado de Goiás); Provimento nº 11/2016, de 02 de maio de 2016 (Ministério Público do Estado do Rio Grande do Sul); Resolução nº 1.062/2017 – PGJ, de 14 de dezembro de 2017 (Ministério Público do Estado de São Paulo); Ato Normativo nº 47, de 5 de agosto de 2019 (Ministério Público do Estado do Ceará); Ato PGJ nº 208 de 19 de julho de 2018 (Ministério Público do Estado do Amazonas).

Quando a hipótese for de mediação, haverá, como já mencionado neste trabalho, a participação, nas dinâmicas de construção de diálogo e de um ambiente cooperativo, a participação de um terceiro, o mediador, cuja função, em linhas gerais, será a de facilitar, incentivar e promover a criação de tal ambiente entre os interessados.

Em se tratando da defesa de interesses coletivos *lato sensu,* os legitimados pela Lei da Ação Civil Pública para a sua tutela extrajudicial não poderão, a princípio, por uma questão principiológica, ter membros ou representantes atuando como mediadores.

No entanto, a capacitação de membros e servidores de tais instituições como mediadores judiciais e extrajudiciais abre as portas para que se estabeleçam sistemas de gestão de conflitos em que, garantida a *imparcialidade* e a isenção, com a concordância expressa dos demais interessados, poderá ser ajustada a realização de mediação, atuando, de maneira independente, representante ou membro do órgão como mediador, à parte daquele responsável pela defesa do interesse em jogo.

Também poderão, os núcleos de incentivo em práticas de autocomposição e as câmaras de mediação e conciliação no âmbito da administração pública, manter quadros de mediadores e facilitadores voluntários, sempre com a garantia de manutenção de imparcialidade e absoluta tranquilidade para o exercício de tal função, com o que a *expertise,* a vivência e os aprendizados relacionados à gestão e resolução de conflitos difusos poderão ser mais bem aproveitados, transmitidos e aperfeiçoados.

A mediação, como se vê do teor deste trabalho, pode ter um papel crucial no amadurecimento da sociedade e dos órgãos que a representam, como legitimados para a defesa dos interesses transindividuais, para que atuem, mais do que portadores de uma pretensão deduzida em juízo para a tutela de tais direitos, como autênticos catalisadores do diálogo.

Vislumbra-se, por exemplo, para o Ministério Público e para a Defensoria Pública, cada qual em sua esfera de atuação constitucional, um especial potencial para tanto. Isso porque tais instituições, por não se mostrarem atreladas funcionalmente a nenhum dos poderes estatais, reúnem condições, por meio de capacitação e mudanças de paradigmas e de cultura de atuação, de se apresentarem, tanto diante da sociedade quanto dos órgãos públicos, como ouvintes atentos, maduros, imparciais e isentos para a condução de processos de gestão e resolução de conflitos difusos e coletivos rumo ao diálogo e à cooperação.

3. Demais *stakeholders*

Situações de violação ou ameaça de violação a interesses transindividuais contêm, naturalmente, além da complexidade temática, uma complexidade subjetiva que lhes é inerente. Uma correta análise da conjuntura e do histórico do conflito, portanto, deve levar em conta a identificação de interessados[192], as razões de seus interesses na disputa e os papéis que exercem dentro de tal contexto, além de questões culturais, políticas e econômicas.

Questões culturais podem dizer respeito a tradições (como, por exemplo, na tutela de direitos de comunidades indígenas e quilombolas), geracionais (como nos conflitos que envolvem direitos metaindividuais de idosos) e aspectos técnicos da defesa do patrimônio histórico e arquitetônico, entre outros assuntos.

Questões políticas também são extremamente vastas e variadas. Podem envolver aspectos ideológicos, proximidade de eleições, programas de governo, entre outros.

---

[192] O Projeto de Lei nº 1.641/21 (de que também trataremos no Capítulo V, *infra*) prevê, como princípios da autocomposição coletiva (art. 37), a "participação, sempre que possível, do grupo social titular da pretensão coletiva e dos demais legitimados processuais" (inciso III), bem como a "preservação de todos os interesses envolvidos, permitindo-se, se for o caso, a segmentação do grupo em subgrupos com representantes adequados que possam tutelar de modo adequado os respectivos interesses" (inciso V). Já o § 1º do art. 38 dispõe que "a legitimidade para a autocomposição em direitos difusos e coletivos é dos entes públicos, podendo ser firmado em conjunto por órgãos de ramos diversos do Ministério Público e da Defensoria Pública, ou por estes e outros órgãos públicos legitimados, bem como contar com a participação de associação civil, sindicatos, entes ou grupos representativos ou interessados".

As questões econômicas também englobam, além de pressões decorrentes de prazos para a realização de investimentos por parte de empreendedores, aspectos orçamentários de políticas públicas, obras e reformulação de estrutura de órgãos públicos, por exemplo.

Todos esses aspectos, a depender do tipo de conflito e do interesse em disputa, devem ser objeto de consideração e atenção por parte daqueles que procuram uma solução consensual e negociada:

> A análise das partes interessadas abrange o entendimento acerca dos sistemas formais e informais existentes; que poder organizações públicas, privadas e sem fins lucrativos e associações de membros possuem; quais incentivos ou desincentivos econômicos e políticos eles têm; e quais interesses (na linguagem da negociação baseada em interesses) podem influenciar como eles exercem o seu poder. (AMSLER *et al.*, 2020, pos. 7096, tradução nossa)

Conclui-se, assim, que o correto equacionamento dos diversos interesses (separados das posições) de *stakeholders*, além de propiciar o encaminhamento de soluções, permite, de outro lado, tanto em negociações como em mediações[193], que haja menos percalços e maior fluidez no momento da implementação das obrigações pactuadas.

[193] Para William L. Ury, Jeanne M. Brett e. Stephen B. Goldberg (1988, p. 6), "Reconciliar tais interesses não é fácil. Envolve sondar preocupações profundamente assentadas, vislumbrar soluções criativas e fazer trocas e concessões onde interesses são opostos. O procedimento mais comum para fazer isso é a negociação, a dinâmica de comunicação que tem por objetivo chegar a uma composição (um procedimento é um padrão de comportamento interativo direcionado a resolver uma disputa). Outro procedimento baseado em interesses é a mediação, em que um terceiro assiste os disputantes na busca de um acordo" (tradução nossa).

CAPÍTULO V

PROPOSTAS DE ALTERAÇÃO DA LEI DE AÇÃO CIVIL PÚBLICA E MECANISMOS AUTOCOMPOSITIVOS

Há em trâmite, no Congresso Nacional, três projetos de lei cujo objetivo é reformar a disciplina da ação civil pública. São eles os PLs 4.441/2020 e 4.778/2020, bem como o PL 1.641/2021, substitutivo aos dois primeiros, apresentado pelo Instituto Brasileiro de Direito Processual (IBDP) e denominado "Projeto de Lei Ada Pellegrini Grinover".

No decorrer deste trabalho, já foram feitas algumas considerações pontuais sobre dispositivos do último dos projetos de lei mencionados[194]. Aqui, também, nos concentraremos neste texto, que traz propostas de regulamentação bastante interessantes acerca da utilização de práticas autocompositivas para a resolução de conflitos transindividuais, tanto em juízo quanto extrajudicialmente.

Já no art. 2º do projeto de lei, que traz os princípios da tutela coletiva, temos, no inciso III, a previsão de "emprego de métodos de solução tais como os da conciliação, da mediação, da negociação e outros meios considerados adequados (...)" para a "prevenção e resolução consensual e integral de conflitos coletivos, judicial ou extrajudicialmente", além de "efetivo diálogo entre o juiz, as partes, os demais Poderes do Estado e a sociedade na busca da solução plural e adequada especialmente para casos complexos e estruturais"[195] (inciso X) e "flexibilidade do

---

[194] Notas nº 9, 12, 27, 29, 31, 44, 51, 56, 58, 61, 70, 72, 75, 83, 134, 138, 140, 143, 146, 148, 150, 155, 198.

[195] Sobre o assunto, remetemo-nos ao Capítulo IV, item 1.1.2., *supra*.

processo e pragmatismo, devendo ser consideradas por todos as consequências práticas e jurídicas das decisões judiciais e das soluções consensuais".

No art. 14, inciso II do PL, determina-se ao juiz que, antes de oportunizar defesa à parte demandada, "poderá designar audiência especial para a identificação do conflito, oportunizando, se for o caso, às partes a autocomposição na forma do art. 22 (...)", sendo que, "Inexistindo autocomposição e estando em ordem a petição inicial, o juiz determinará a citação do réu" (art. 15).

É no momento do saneamento do feito, no entanto, que o instituto da autocomposição ganha especial destaque no projeto de lei. O art. 22 do PL dispõe que o saneamento de ações coletivas ou civis públicas ocorrerá preferencialmente "em audiência de saneamento compartilhado, na qual poderá estabelecer calendário processual"[196]. Durante o saneamento, o juiz deve (sem prejuízo do dever de fazê-lo, também, antes e depois dele) estimular a autocomposição entre as partes (§ 2º), sendo que "a autocomposição coletiva pode envolver sujeito estranho ao processo e versar sobre relação jurídica que não tenha sido deduzida em juízo" (§ 3º).

O encaminhamento do processo a uma tentativa de consenso com auxílio de outros órgãos ou profissionais é previsto pelo § 4º do art. 22 do PL: "A requerimento das partes ou de ofício, quando se afigurar adequado, o juiz poderá designar audiência para tentativa de solução consensual do conflito coletivo, a ser realizada pelos Centros Judiciários de Solução Consensual de Conflitos ou por entidade extrajudicial ou por profissional qualificado, reputados adequados pelas partes".

Há também interessantes dispositivos tratando do emprego de métodos autocompositivos no âmbito extrajudicial, ao se disciplinarem os "procedimentos administrativos investigatórios" e o inquérito civil (arts. 33 a 36).

[196] Ver art. 191 e parágrafos do Código de Processo Civil.

O § 4º do art. 34 prevê, assim, que "no decorrer do inquérito civil poderão ser celebrados negócios jurídicos de direito material ou processual, ainda que não importem arquivamento parcial ou total do procedimento".

O dispositivo torna direito posto a possibilidade, já defendida neste trabalho, quando tratamos, entre outros assuntos, do inquérito civil resolutivo (Capítulo IV, item 1.1., *supra*), da utilização do inquérito civil não apenas como um instrumento de investigação ou destinado à obtenção de um compromisso de ajustamento de conduta, mas como uma ferramenta destinada à discussão, à cooperação e ao estabelecimento do diálogo com relação ao conflito coletivo e à conjuntura de ameaça de lesão a interesses metaindividuais.

Interessante, também, é a previsão da possibilidade de celebração de convenções processuais no inquérito civil, dentro, inclusive, de um contexto de preparação ou de concretização de um *design* de sistema de gestão de conflito ou de disputa[197], em meio à utilização de outros instrumentos autocompositivos, de direito material inclusive.

O capítulo IV do PL (arts. 37 a 43) é dedicado à "autocomposição coletiva".

O primeiro dos dispositivos do capítulo prevê os princípios da autocomposição coletiva. Pela importância, transcrevemos abaixo o artigo em questão[198]:

> Art. 37. A autocomposição coletiva será regida pelos seguintes princípios:
>
> I – melhor tutela do interesse público, difuso, coletivo ou individual homogêneo;
>
> II – transparência e publicidade;

197 Ver item Capítulo IV, item 1.3., *supra*.

198 Em notas diversas, no decurso da elaboração deste trabalho, contextualizamos, nos capítulos I a IV, boa parte de tais princípios em meio à discussão de temas a que se referem.

> III – participação, sempre que possível, do grupo social titular da pretensão coletiva e dos demais legitimados processuais;
>
> IV – representatividade adequada e informação suficiente sobre os melhores termos para a tutela coletiva;
>
> V – preservação de todos os interesses envolvidos, permitindo-se, se for o caso, a segmentação do grupo em subgrupos com representantes adequados que possam tutelar de modo adequado os respectivos interesses;
>
> VI – boa-fé objetiva na previsão dos termos do acordo e na sua implementação;
>
> VII – a observância à ordem pública, aos bons costumes e aos direitos fundamentais;
>
> VIII – preservação da justiça, imparcialidade, proporcionalidade e razoabilidade na resolução da controvérsia por autocomposição;
>
> IX – a isonomia e a segurança jurídica.
>
> § 1º. Para a concretização desses princípios, é admissível o uso de qualquer técnica, tais como consultas públicas, reuniões e audiências públicas, inclusive com o uso de meios eletrônicos.
>
> § 2º. Cumprirá aos órgãos superiores dos legitimados públicos para a tutela coletiva o estabelecimento de requisitos, padrões e critérios para a autocomposição de direitos difusos, coletivos e individuais homogêneos, atendidos os princípios estabelecidos no inciso VIII do *caput.*

A amplitude da utilização de métodos adequados (ou alternativos), ou seja, dos chamados MASCs, para a obtenção de soluções e encaminhamentos para conflitos metaindividuais é expressamente tratada no art. 38 do PL, que prevê a possibilidade de utilização de todos eles (exemplificando expressamente a conciliação, a mediação, a negociação), "dependendo das peculiaridades de cada tipo de conflito". A respeito de *design* de sistemas, remetemo-nos ao Capítulo IV, item 1.3., *supra.*

Reafirma o § 1º do art. 38 que "a legitimidade para a autocomposição em direitos difusos e coletivos é dos entes públicos, podendo ser firmado em conjunto por órgãos de ramos diversos do Ministério Público e da Defensoria Pública, ou por estes e outros órgãos públicos legitimados, bem como contar com a participação de associação civil, sindicatos, entes ou grupos representativos ou interessados". Remetemo-nos, a respeito, ao Capítulo IV, item 3., bem como às diversas considerações feitas, ao longo deste trabalho, à importância do mapeamento do conflito.

Quando, no entanto, o conflito versar sobre direitos individuais homogêneos, prevê o PL que a autocomposição "poderá ser realizada por qualquer dos legitimados, públicos ou privados, atendidos os pressupostos de cabimento das diversas espécies de mecanismos resolutórios consensuais".

Estabelece-se, ainda, o exercício de controle sobre a legitimidade adequada para a celebração de autocomposição, nos termos do disposto no § 5º[199].

O art. 39, por sua vez, estabelece a obrigatoriedade de homologação judicial de acordos versando sobre "direitos indisponíveis passíveis de autocomposição", impondo a manifestação do Ministério Público.

Já nos manifestamos acerca do tema nos Capítulos I, item 3.2. e III, item 2., *supra*, ao tratarmos do compromisso de ajustamento de conduta. A nosso ver, o dispositivo proposto deverá ser objeto de amplo debate e análise cautelosa, para que sua eventual aplicação futura, caso venha a se tornar artigo de lei, não implique em retrocessos na tutela de direitos metaindividuais e na promoção da cultura de paz e do diálogo quando se tratar de conflitos difusos e coletivos.

Ora, a própria coisa julgada é relativizada pelo PL no momento do cumprimento do título judicial (art. 32, § 7º[200]).

Em se tratando não de coisa julgada, mas de título extrajudicial, é possível que também se imagine, por exemplo, um aprimoramento do título executivo, no momento de sua execução,

---

[199] "§ 5º O controle da adequação da legitimação para celebração da autocomposição coletiva observará os critérios previstos no art. 7º desta Lei."

[200] Tratamos do assunto na nota 54 (Capítulo I, item 2.3., *supra*).

por iniciativa do órgão judicial ou do próprio Ministério Público, cuja oitiva será sempre obrigatória, dentro do espírito que inspirou o mencionado dispositivo do projeto de lei.

Assim, ao invés da necessidade de uma homologação judicial obrigatória, dependente de uma custosa – e por vezes prolongada – reanálise de seu teor, como preveem o art. 39 e seus parágrafos, já teríamos (além do entendimento de que TACs representam uma garantia mínima, e não máxima de tutela, conforme já tratado supra), de um lado, como referido, a possibilidade sempre presente de qualquer dos colegitimados discutir em juízo o conteúdo do acordo (à luz do disposto no art. 5º, inciso XXXV da Constituição Federal) e, de outro, analogamente ao que dispõe o art. 32, § 7º do PL, a possibilidade de aprimoramento do título, sempre sob crivo judicial, no curso do processo executivo. De se refletir, portanto, sobre a real necessidade de previsão de obrigatória homologação judicial.

A importância da análise técnica de aspectos do conflito metaindividual e das opções surgidas durante a discussão dos casos é tratada no art. 40 do PL, que dispõe que "Os legitimados coletivos, ao participarem da autocomposição, poderão solicitar, aos órgãos e entidades públicas com reconhecida capacidade técnica, manifestação sobre a viabilidade técnica, operacional e financeira das obrigações a serem assumidas em autocomposição coletiva".

CONCLUSÕES

A importância histórica e a relevância atual da tutela de interesses difusos, coletivos e individuais homogêneos são indiscutíveis, assim como a complexidade de todos os contextos, dinâmicas, relações e técnicas jurídicas envolvidos na questão. Diante disso, é imprescindível que os métodos processuais e extraprocessuais destinados à solução dos conflitos metaindividuais sejam objeto de reflexão e aprimoramento constantes.

Nesse contexto, a utilização dos métodos autocompositivos se mostra como ferramenta com enorme potencial para a promoção de avanços no campo da defesa de tais direitos.

Por meio do emprego dos MASCs, permite-se, conforme o tipo de conflito e seu alcance, o acesso de qualidade dos interessados às discussões acerca da geração de opções e do estabelecimento de obrigações, e até a compreensão de que, eventualmente, a conjuntura não permite solução negociada em determinado momento. Propicia-se, ainda, que os diversos interessados (legitimados extraordinários, poder público, empreendedores, setores da sociedade civil, minorias etc.) compreendam as razões dos conflitos, enxerguem pontos de vista alheios e se tornem corresponsáveis não apenas pelo desenho de eventuais soluções consensuais, como dos próprios sistemas de disputa ou de gestão de conflitos, responsabilizando-se também, é claro, pelo cumprimento de acordos celebrados.

Com o avanço na aplicação dos métodos e técnicas autocompositivas, é esperado, portanto, o amadurecimento não apenas de todos os atores sociais envolvidos na questão, mas também, juntamente com um aumento de eficiência, dos órgãos públicos legitimados para a defesa de tais direitos (destacando-se, nesse ponto, a Defensoria Pública e o Ministério Público). O mesmo se aplica ao próprio Poder Judiciário, que se mostrará, assim, valorizado no desempenho de seu papel constitucional.

Espera-se, enfim, que este trabalho, que em momento algum procura apresentar verdades ou convicções absolutas, mas, sim, reflexões e colaborações acerca do assunto, contribua para a discussão do tema e, acima de tudo, para o surgimento de novas ideias e tendências neste importantíssimo – e fértil – campo de atuação.

REFERÊNCIAS

ALMEIDA, Tania. **Caixa de ferramentas em mediação**: aportes práticos e teóricos. São Paulo: Dash, 2014.

AMSLER, Lisa Blomgren; MARTINES, Janet; SMITH, Stephanie E. **Dispute system design**: preventing, managing, and resolving conflict. Stanford University Press. Edição do Kindle, 2020.

BARROSO, Luís Roberto. **A dignidade da pessoa humana no direito constitucional contemporâneo**: a construção de um conceito jurídico à luz da jurisprudência mundial. Belo Horizonte: Fórum, 2016.

BAUMAN, Zygmunt. **Liquid Modernity**. Edição do Kindle. Cambridge: Polity Press, 2012.

BERTI, Enrico. **Aristóteles**. São Paulo: Ideias & Letras, 2015.

BRIQUET, Enia Cecília. **Manual de mediação**: teoria e prática na formação do mediador. Petrópolis: Vozes, 2016.

BROWN, Tim *et al.* The 10 must-reads on Design Thinking by Harvard Business Review. Harvard Business School Publishing Corporation. **Harvard Business Review Press**. Edição do Kindle, 2020.

CALAMANDREI, Piero. **Direito Processual Civil.** Volumes 1 a 3. Campinas: Bookseller, 1999.

CARMONA, Carlos Alberto. **Arbitragem e processo**: um comentário à Lei nº 9.307/96. 3. ed. São Paulo: Atlas, 2009.

DIDIER JR., Fredie; ZANETI JR., Hermes; OLIVEIRA, Rafael Alexandria de. Notas sobre as decisões estruturantes. **Civil Procedure Review**, v. 8, n. 1, p. 48, jan.-abr. 2017. Disponível em: https://classactionsargentina.files.wordpress.com/2017/08/zaneti-didier-cpr-2017_notas-sobre-ad-decisoes-estruturantes.pdf. Acesso em: 03 ago. 2021.

DINAMARCO, Cândido Rangel. **A instrumentalidade do processo**. 11. ed. São Paulo: Malheiros, 2003.

FALECK, Diego. **Manual de Design de Sistemas de Disputas**: criação de estratégias e processos eficazes para tratar conflitos. 2ª tiragem. Rio de Janeiro: Lumen Juris, 2020.

FISHER, Roger; URY, William; PATTON, Bruce. **Como Chegar ao Sim**: como chegar a acordos sem fazer concessões. 2. ed. Rio de Janeiro: Sextante, 2018.

FISS, Owen. **The Law as it Could Be**. Edição do Kindle. New York: NYU Press, 2003.

FOX, Erica Ariel. **Winning From Within**. New York: Harper Collins, 2013.

GRINOVER, Ada P. *et al*. **Código brasileiro de defesa do consumidor comentado pelos autores do anteprojeto**. 6. ed. Rio de Janeiro: Forense Universitária, 2000.

GUERRERO, Luís Fernando. **Os métodos de solução de conflitos e o processo civil** (Coleção Atlas de Processo Civil. Coordenação Carlos Alberto Carmona). São Paulo: Atlas, 2015.

HENSLER, Deborah R.; Nicholas M. Pace; Bonnie Dombey-Moore; Elizabeth Giddens; Jennifer Gross, and Erik Moller. **Class Action Dilemmas:** Pursuing Public Goals for Private Gain. *E-book*. Santa Monica, CA: RAND Corporation, 2000. https://www.rand.org/pubs/monograph_reports/MR969.html. DOI: https://doi.org/10.7249/MR969.

HOFFMAN, Eva. **Time**. Kindle edition. New York: Picador, 2009.

JESUS, Antonio Marcos da Silva de. A confidencialidade na mediação de conflitos coletivos no âmbito do Ministério Público: uma abordagem analítico-comportamental do Direito. **Revista de Informação Legislativa – RIL**, Brasília, DF, v. 57, n. 227, p. 105-130, jul./set. 2020. Disponível em: https://www12.senado.leg.br/ril/edicoes/57/227/ril_v57_n227_p105

KLONOFF, Robert H. **Class Actions and Other Multi-Party Litigation in a Nutshell.** *E-book.* 5th edition. St. Paul, MN: West Academic Publishing; 2017. ASIN: B076CNBP52.

LEWICKI Roy J., SAUNDERS David M. & BARRY, Bruce. **Negotiation**. New York: MCGraw-Hill Education, 2020.

LIMA FILHO, Sérgio Franco de. **Legitimidade Ativa nas ações transindividuais**: da representatividade adequada diante do direito processual coletivo brasileiro. Curitiba: Juruá, 2014.

LIRA, Adriana Costa. **O processo coletivo estrutural**: mecanismo de combate ao estado de coisas inconstitucional no Brasil. Belo Horizonte: D'Plácido, 2019.

MALHOTRA, Deepak. **Acordos quase impossíveis**: como superar impasses e resolver conflitos difíceis sem usar dinheiro ou força. Porto Alegre: Bookman, 2017.

MANCUSO, Rodolfo de Camargo. **Ação popular**: proteção do erário; do patrimônio público; da moralidade administrativa; e do meio ambiente. 2. ed. São Paulo: Revista dos Tribunais, 1996.

MANCUSO, Rodolfo de Camargo. **Interesses Difusos**: conceito e legitimação para agir. 5. ed. São Paulo: Revista dos Tribunais, 2000.

MARQUES, José Frederico. **Instituições de Direito Processual Civil**. Volumes I a V. 1ª ed. atualizada. Campinas: Millennium, 1999.

MAZILLI, Hugo Nigro. **A defesa dos interesses difusos em juízo**. 8. ed. São Paulo: Saraiva, 1996.

MEADOWS, Donella H. **Thinking in Systems**: a primer. Edição do Kindle. White River Junction, Vermont. Chelsea Green Publishing, 2008.

MILARÉ, Édis *et al.* **Ação Civil Pública**: Lei 7.347/1985 – 15 anos. São Paulo: Revista dos Tribunais, 2001.

MIRRA, Álvaro Luiz Valery. Ação Civil Pública em Defesa do Meio Ambiente: a Questão da Competência Jurisdicional. *In*: MILARÉ, Édis (Coord.). **Ação Civil Pública**: Lei 7.347/1985 – 15 anos. São Paulo: Revista dos Tribunais, 2001.

NERY JÚNIOR, Nelson; NERY, Rosa Maria de Andrade. **Leis processuais civis comentadas e anotadas** [livro eletrônico]. 6 Mb; e-PUB. 1. ed. em e-book baseada na 1. ed. impressa. **São Paulo: Thomson Reuters Brasil, 2019.**

NERY JÚNIOR, Nelson; NERY, Rosa Maria de Andrade. **Código de Processo Civil Comentado**. 19. ed. São Paulo: Thomson Reuters Brasil, 2020.

NEITZKE, Hélintha Coeto. **Limites e possibilidades para a propositura das Convenções Processuais**. 2. ed. Maringá: Edição do Kindle, 2020.

PATTERSON, James T. **Brown v. Board of Education**: Pivotal Moments in American History. Oxford University Press. Edição do Kindle, 2001.

PATTERSON, Kerry; GRENNY, Joseph; McMILLAN, Ron; SWITZLER, Al. **Crucial conversations**: tools for talking when stakes are high. New York: McGraw Hill, 2012.

PATTERSON, Kerry; GRENNY, Joseph; McMILLAN, Ron; SWITZLER, Al. **Crucial Confrontations**: tools for resolving broken promises, violated expectations, and bad behavior. New York: McGraw Hill, 2005.

PINHO, Humberto Dalla Bernardina de; MAZZOLA, Marcelo. **Manual de Mediação e Arbitragem**. São Paulo: Saraiva Educação, 2019.

PORFÍRIO, Camila Almeida. **Litígios estruturais**: Legitimidade democrática, procedimento e efetividade. Rio de Janeiro: Lumen Juris, 2018.

ROBERTS, S.; PALMER, M. **Disputes Processes**: ADR and the Primary Forms of Decision-Making. *E-book (Kindle Edition)*. United Kingdom: Cambridge University Press, Third Edition, 2020.

ROSENBERG, Marshall Bertram. **Comunicação Não Violenta**. São Paulo: Ágora, 2006.

ROVELLI, Carlo. **Helgoland**: Making sense of the quantum revolution. Penguin Publishing Group. Edição do Kindle, 2021.

SCHOPENHAUER, Arthur. **The world as will and representation**. Kindle Edition, 2012.

SOUZA, Luciane Moessa de. **Mediação de conflitos coletivos**: a aplicação dos meios consensuais à solução de controvérsias que envolvem políticas públicas de concretização de direitos fundamentais. Belo Horizonte: Fórum, 2012.

STULBERG, Joseph B.; LOVE, Lela P. **The Middle Voice**: Mediating Conflict Successfully. 2. ed. *E-book.* Durham: Carolina Academic Press, 2013.

TARTUCE, Fernanda. **Mediação nos conflitos civis**. Rio de Janeiro: Forense; São Paulo: Método, 2021.

THEODORO JÚNIOR, Humberto. **Código de Processo Civil Anotado**. 20. ed. Rio de Janeiro: Forense, 2016.

URY, William. **Como chegar ao sim com você mesmo**: o primeiro passo em qualquer negociação, conflito ou conversa difícil. Rio de Janeiro: Sextante, 2015.

URY, William. **Supere o não**: como negociar com pessoas difíceis. São Paulo: Benvirá, 2019.

URY, William L.; BRETT, Jeanne M.; GOLDBERG, Stephen B. **Getting Disputes Resolved**: designing systems to cut the costs of conflict. San Francisco: Jossey-Bass Publishers, 1988.

VOSS, Chris; RAZ, Tahl. **Never split the difference**: negotiating as your life depended on it. New York: Harper Collins; Kindle Edition, 2016.

Impresso em março de 2022